命运共同体

新型大国关系

一带一路

亚投行

互利共赢

正确义利观

# 学习

## 关键词

人民日报海外版『学习小组』／著

人民出版社

# 前　言

　　中共十八大以来，以习近平为核心的党中央，坚持和发展中国特色社会主义，提出了一系列新理念、新思想、新战略，进行了一系列新实践、新探索、新创造，形成了一系列治国理政的关键词。

　　这些关键词，是理解十八大以来中国治理、中国叙事、中国实践的重要密匙。与这些新观念相对应的，是更加深刻的现实政治、经济、社会等系统的变迁与进步。

　　这4年，提出了哪些"关键词"？

　　回顾这4年，习近平总书记引领下的中国发生了很大的变化。如今，在中国的各个领域、方方面面，都存在一些大家熟悉的"关键词"，它们体现了世界最大马克思主义政党、最大新兴大国领导人的大战略、大担当。

　　在战略层面，这些关键词是"两个一百年""中国梦""五位一体""四个全面""五大发展理念""空谈误国，实干兴邦""国家治理体系和治理能力现代化"等。

　　在经济层面，是"新常态""供给侧结构性改革""创新驱动发展"等。

在政治层面，是"净化政治生态""全面推进依法治国"等。

在社会层面，是"获得感""脱贫攻坚""补短板"等。

在文化层面，是"核心价值观"等。

在生态文明层面，是"美丽中国""绿色化"等。

在党的建设层面，是"八项规定""三严三实""政治规矩""'老虎''苍蝇'一起打"等。

在外交和国际关系、全球治理层面，是"命运共同体""新型大国关系""亲诚惠容""义利观""一带一路""亚投行"等。

以上关键词，仅为部分列举。

这些"关键词"对中国意味着什么？

这些"关键词"，或是理念、思想，或是战略、方法论，深刻蕴含着以习近平为核心的党中央治国理政的理论创新和实践创新。

无论是"两个一百年"的奋斗目标，还是中华民族伟大复兴的中国梦，都是中国人民的愿景和梦想，会极大激起全民追梦实干的热情与力量。

"五位一体"总体布局、"四个全面"战略布局和五大发展理念，引领着新时期的中国治理。这是一场关系全局的深刻变革，是一次旨在"人的全面发展"的谋篇布局，是普惠于每一个中国人的战略考量。

中国主动认识新常态、适应新常态、引领新常态，着力推进供给侧结构性改革，推动经济结构优化、发展动力转换、发展方式转换，使增长可持续，促民富国强。

净化政治生态，大力发展社会主义协商民主，建设法治中国，增强人民政治参与，推进人民民主，将进一步地促进社会公平正义。

不断增强人们的"获得感"，着力补短板，打赢脱贫攻坚战，如期实现全面小康，这意味着每一个人都不会被遗忘，都是执政党和习近平念兹在兹的"心事"。以习近平为核心的党中央，最大特点之一，就是具有"士不可不弘毅，任重而道远"的强烈历史担当，许下政治承诺，立下军令状，并为之努力践行。

培育和弘扬社会主义核心价值观，推崇中华优秀传统文化并推动其创造性转化和创新性发展，增强社会主义中国文化软实力，将提升中国人民的文明程度和文化自信，将更加提升中国人民的民族自豪感。

建设"美丽中国"，打造"绿色化"发展，像对待生命一样对待生态环境，正在中国掀起一场生态革命。相信，"PM2.5"、被污染的水和土壤等都会减少，绿水青山会再回来，"乡愁"也会留得住。

出台中央"八项规定"，开展"三严三实"专题教育，严守党的政治纪律和政治规矩，坚持"老虎""苍蝇"一起打等全面从严治党举措，正在不断提升中国人民的幸福感和对执政党的信任感。

这些"关键词"对世界意味着什么？

十八大以来，习近平主席统筹国内国外两个大局，观大势、谋大事，加强外交顶层设计，提出一些重大对外战略思想，开展全方位外交。

他提出"命运共同体"，让世界感知到中国参与全球治理的必要性和实效性。

他提出"新型大国关系"，力避使中美等大国之间陷入"修昔底德陷阱"。

他提出"亲诚惠容"的周边外交理念，促使中国邻里之间和平友善相处。

他提出"正确义利观"，为全球治理体系和国际关系提供了可鉴之道。

他提出"一带一路"建设，提出"亚投行"构想，为全球经济融合开放发展，世界其他国家搭中国经济发展的便车提供了平台。

这里尤其要指出的是，习近平提出的"中国梦"，是国家的梦、民族的梦、每一个中国人的梦，内涵是国家富强、民族振兴、人民幸福，与美国梦、非洲梦等其他国家或地区的梦想是相通的。外界担忧中国是否会表现出民族主义、强势霸道，是完全没必要的。

正如习近平所说："中国梦是和平、发展、合作、共赢的梦。"

就在日前，2016年10月27日，十八届六中全会胜利闭幕。

十八大以来，先后召开的十八届三中、四中、五中全会，对全面深化改革、全面依法治国、全面建成小康社会作出部署，六中全会专题研究全面从严治党。

这是党中央着眼于"四个全面"战略布局作出的战略决策、整体设计，是党中央治国理政方略的渐次展开、深度推进。其中战略思维，值得赞叹。

# 目　录

## 三　全面深化改革

## 四　全面依法治国

## 五 全面从严治党

一、总述

# 中 国 梦

## 13 亿人的复兴梦想

**提出时间：**

2012 年 11 月 29 日，
国家博物馆《复兴之路》展览。

**提及次数：**

在习近平的公开讲话和采访中，
提及 200 次以上。

**产生影响：**

凝聚全党和全国人民的最大共识，
极大地激发了中华儿女发展国家，
振兴民族的热情。

检索习近平总书记的讲话与文章，"中国梦"是他最常提到的词之一。无论在国内发表重要讲话，还是出访时面对外国友人，他总爱谈及梦想。

在这个有着 13 亿人口的东方大国，梦想能成为最高领导人的关键词，一定有其道理。

## 从历史中走来

习近平提出"中国梦"时，正在国家博物馆参观《复兴之路》展览。这个吸引无数观者的展览，回顾了近代以来中国人民为实现民族复兴所走过的历史进程。

无论是"雄关漫道真如铁"的过去，还是"人间正道是沧桑"的今天，抑或"长风破浪会有时"的明天，中华民族始终有着民族复兴的梦想。

"外国人往往不理解中国为什么会发展得这么快，中国人搞发展的劲头为什么这么大。这首先要看看中国的历史。中国在历史上曾经很辉煌，而近代以来又很悲惨，受尽屈辱，这个反差太大了。"中央文献研究室主任冷溶感慨，中国人总有那么一股民族复兴的心结和劲头，这是一种精神动力。

冷溶说："1840 年的鸦片战争，中国开始了屈辱的历史，从此也开始了民族复兴的历史，也就是开始了中国梦的历史。"最早，孙中山提出"振兴中华"。中国共产党成立以后，承担起了领导人民振兴中华的神圣使命，历代领导人都对民族复兴作了大量论述。

习近平说，我坚信，到中国共产党成立 100 年时全面建成小康社会的目标一定能实现，到新中国成立 100 年时建成富强民主文明和谐的社会主义现代化国家的目标一定能实现，中华民族伟大复兴的梦想一定能实现。

## 靠人民去实现

中国梦归根结底是人民的梦，必须紧紧依靠人民来实现，必须不断为人民造福。

习近平说，中国梦"意味着每一个人都能在为中国梦的奋斗中实现自己的梦想"。

人民的梦想是什么？习近平说，我们的人民"期盼有更好的教育、更稳定的工作、更满意的收入、更可靠的社会保障、更高水平的医疗卫生服务、更舒适的居住条件、更优美的环境，期盼孩子们能成长得更好、工作得更好、生活得更好"。

人民的梦想与国家、民族的梦想有何关联？习近平说，"国家好，民族好，大家才会好。"中国社会科学院院长、党组书记王伟光总结说，新中国使我们"站起来"，改革开放使我们"富起来"，是国家、民族的强盛，让人民的幸福有了坚实的依托。

中共十八大以来的 4 年里，中国站在历史的潮头上，为冲刺梦想做足了准备。十八届三中全会完成全面深化改革的顶层设计；十八届四中全会绘就全面依法治国的蓝图；十八届五中全会吹响共同迈入全面小康社会的总号角。反腐败斗争压倒性态势正在形成，党风廉政建设大踏步前进。本届中央领导治国理政的总体框架"四个全面""五大发展理念"一一呈现在世人面前，为梦想保驾护航。

## 与世界梦共振

中国的发展离不开世界，世界的繁荣稳定也需要中国。中国梦与世界梦同频共振。

在出访中，习近平爱提中国梦，也爱提中国梦与各国梦想的交融。在莫斯科国际关系学院，他说，我们要实现的中国梦，不仅造福中国人民，而且造福各国人民；在和平共处五项原则发表60周年纪念大会上，他说，中国梦同世界各国人民的美好梦想息息相通。

中国梦和世界梦之间有何关联？习近平在非洲的讲话很有代表性。他说，13亿多中国人民正致力于实现中华民族伟大复兴的中国梦，10亿多非洲人民正致力于实现联合自强、发展振兴的非洲梦。中非人民要加强团结合作、加强相互支持和帮助，努力实现我们各自的梦想。我们还要同国际社会一道，推动实现持久和平、共同繁荣的世界梦。

而在周边外交工作座谈会上，他强调，把中国梦同周边各国人民过上美好生活的愿望、同地区发展前景对接起来，让命运共同体意识在周边国家落地生根。

中国梦与世界梦，互相为对方提供着机遇。"中国发展的列车"在驰骋：2016年1月16日，亚洲基础设施投资银行将正式开业。与此同时，"一带一路"、金砖国家新开发银行等"中国方案"不断从概念走向现实，让世界看到了来自中国的机遇与诚意。

历史终将证明，中国梦不仅是中国之福，也是世界之幸。

# 两个一百年

## 引领前行的时代号召

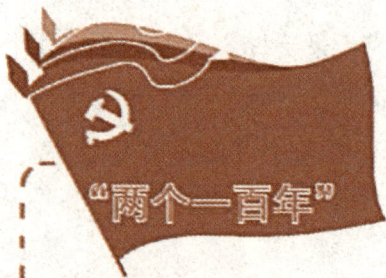

"两个一百年"

**提出时间：**
2012 年 11 月，党的十八大后成为固定的关键词。

**提及次数：**
在习近平的公开讲话和文章中，提及 100 次以上。

**产生影响：**
与中国梦一起，成为引领中华民族前行的时代号召。

今日的中国，亿万民众昂首行进在实现"两个一百年"奋斗目标的道路上。

"两个一百年"一词，在习近平总书记自中共十八大以来的历次公开讲话与文章中，出现超过 100 次，其重要性非同一般。"两个一百年"奋斗目标，与中国梦一起，成为引领中国前行的时代号召。

## 成为固定关键词

2012 年，中共十八大描绘了全面建成小康社会、加快推进社会主义现代化的宏伟蓝图，向中国人民发出了向实现"两个一百年"奋斗目标进军的时代号召。"两个一百年"自此成为一个固定关键词，成为全国各族人民共同的奋斗目标。

2012 年 11 月 29 日，在国家博物馆参观《复兴之路》展览时，习近平表示："我坚信，到中国共产党成立 100 年时全面建成小康社会的目标一定能实现，到新中国成立 100 年时建成富强民主文明和谐的社会主义现代化国家的目标一定能实现，中华民族伟大复兴的梦想一定能实现。"

习近平说："现在，我们比历史上任何时期都更接近中华民族伟大复兴的目标，比历史上任何时期都更有信心、有能力实现这个目标。"

"两个一百年"与中国梦之间存在什么样的关系？习近平指

出："为了实现中国梦，我们确立了'两个一百年'奋斗目标。"

"两个一百年"将如何引领人民前行？习近平指出："这是当前全党全国各族人民要共同为之奋斗的目标。这一目标，既是中华民族的宏伟目标，也把每个人、每个家庭、各方面群众的愿望和利益结合起来了。"

在这样的前景激励下，所有中国人都能在实现"两个一百年"奋斗目标的伟大实践中，创造属于自己的精彩人生。

## 发挥强大领航力

以"两个一百年"奋斗目标的确立为标志，中共十八大之后中国的一系列战略和努力都有了明确的方向。

当下的中国，不仅坚持稳中求进，协调推进"四个全面"战略布局，而且提出了一系列重大战略：从"一带一路"倡议到亚投行开业，从打造中非合作升级版到推进亚太自贸区进程……所有的宏大战略，都为"两个一百年"奋斗目标的实现奠定着坚实基础。

习近平曾这样详解："中国人民要过上美好生活，还要继续付出艰苦努力。发展依然是当代中国的第一要务，中国执政者的首要使命就是集中力量提高人民生活水平，逐步实现共同富裕。为此，我们提出了'两个一百年'奋斗目标……我们现在所做的一切，都是为了实现这个既定目标。实现全面建成小康社会，必须全面深化改革、全面依法治国、全面从严治党。这就是我们提出的'四个全面'战略布局。"

而今，"两个一百年"的第一个一百年奋斗目标期限将近。在这全面建成小康社会决胜阶段，中国的"十三五"规划即将开局，创新、协调、绿色、开放、共享的"五大发展理念"得到树立，中国将以发展理念创新引领发展方式转变，以发展方式转变推动发展质量和效益提升，让广大人民群众共享改革发展成果。

## 激发世界广泛共鸣

在历次出访中，习近平主席多次提到"两个一百年"，向世界详解中国的奋斗目标，激发起世界范围的广泛共鸣。

在对荷兰进行国事访问并出席第三届核安全峰会之际，习近平在荷兰《新鹿特丹商业报》发表署名文章称："当前，中国正在朝着'两个一百年'奋斗目标前进，欧盟也在加紧推进'欧洲2020'战略。让国家变得更加富强，让社会变得更加公平正义，让人民生活变得更加美好，这是中国人民孜孜不倦追求的理想，也是欧洲人民共同愿望。我们愿意同欧洲各国一道，深化互利共赢合作，共享机遇，共创繁荣。"

一次次出访、一场场交流，习近平总是与当地国情相结合，强调中国将同世界各国一道，推动各国人民更好实现自己的梦想。这让中国在世界上获得了越来越多的理解和支持。就这样，与中国梦总是连在一起、相辅相成的"两个一百年"奋斗目标，迸发出强大吸引力。

无论 40 多年前第一次来到中国，还是最近一次访华，美国前国务卿基辛格每一次都会对中国产生新的体验。基辛格说，现在中国正在进入一个新的时期，就是实现"两个一百年"奋斗目标的时期。40 多年前自己绝不相信中国能发展成现在的样子，而几十年之后，相信中国一定能实现这一目标。

# 四个全面

## 统领全局的施政方略

### "四个全面"

提出时间：
2014 年 12 月，
在江苏考察调研。

提及次数：
在习近平的公开讲话和文章中，
提及 60 次以上。

产生影响：
展现新一届党中央治国理政的
总方略和总框架，为解决当今
世界性难题贡献了中国经验、
中国智慧。

从 2014 年 12 月至今，1 年多的时间里，在中共中央总书记习近平的公开讲话与文章中，"四个全面"出现 60 余次。

在这 1 年多的时间里，"四个全面"从提出到上升为"战略布局"，再到指引中国发展道路，展现了新一届党中央的总方略和总框架。

## 战略布局的高度

在马克思主义中国化的道路上，2014 年 12 月是一个标志性时刻。

是时，在江苏考察调研的习近平强调："协调推进全面建成小康社会、全面深化改革、全面推进依法治国、全面从严治党。"这是在公开报道中，习近平首次将"四个全面"并提，由此形成马克思主义中国化的一个重大创新成果。

在"四个全面"提出的两年前，同样有一个关键时刻。

2012 年 11 月，习近平首次阐释了"中国梦"的概念。在海内外研究者看来，"四个全面"正是实现中国梦的行动指南和战略指引。"'四个全面'在西方观察家中引起了广泛兴趣，它具有重大战略意义，表明中国梦不只是停留在设想中，而必将逐步成为现实。"英国伦敦经济与商业政策署原署长罗思义说。

"四个全面"提出两个月之后，2015 年 2 月，在省部级主要领导干部学习贯彻四中全会精神全面推进依法治国专题研讨班开班式上，习近平将"四个全面"定位为"战略布局"。中央党校副教育长兼哲学部主任韩庆祥认为，这一战略布局，实质上就是要回答怎样实现社会主义现代化和中华民族伟大复兴这一问题，它是实现社会主义现代化和中华民族伟大复兴的理论指导、行动指南和总体方略。

## 相互贯通的体系

"四个全面"为何能并提？其内在有何逻辑关系？习近平给出的答案是："全面建成小康社会是我们的战略目标，全面深化改革、全面依法治国、全面从严治党是三大战略举措。"习近平强调"努力做到'四个全面'相辅相成、相互促进、相得益彰"。

具体而言，发展是时代的主题和世界各国的共同追求，全面建成小康社会是发展目标；全面深化改革是推动社会发展的根本动力；全面依法治国是国家治理体系和治理能力现代化的重要保障；全面从严治党是执政党加强自身建设的必然要求。显然，四者不是简单的并列关系，而是有机联系、相互贯通的顶层设计。

中央党校马克思主义理论教研部常务副主任刘海涛认为，"四个全面"体现了强烈的问题意识、鲜明的目标导向和全面的战略举措。在韩庆祥看来，"当今中国正处在整体转型升级的新的历史起点上。在治国理政方略上，由注重实践探索的'摸着石头过河'走向注重顶层设计的'四个全面'战略布局。"

## 统筹全局的视野

"四个全面"自提出 1 年多来，在国内外产生重大影响。对内，"四个全面"展现了新一届党中央治国理政的总方略和总框架，成为统领全局的施政方略；对外，"四个全面"成为国际社会了解中国发展道路、发展方略的重要窗口，也为解决当今世界性难题贡献了中国经验、中国智慧。

2015 年 3 月，在博鳌亚洲论坛 2015 年年会上，习近平庄重宣示："中国人民正在按照全面建成小康社会、全面深化改革、全面依法治国、全面从严治党的战略布局，齐心协力为实现'两个一百年'奋斗目标、实现中华民族伟大复兴的中国梦而奋斗。"

2015 年 9 月，在对美国进行国事访问的第一站——西雅图市，习近平就用平实的语言，生动详细地阐释了"四个全面"，赢得了国际社会对中共执政理念的理解与认同。

肯尼亚肯雅塔大学国际关系研究所非洲中心主任伊斯拉埃尔·科迪阿嘉认为，"四个全面"战略布局具备统筹全局的战略视野和眼光，将在中国发展的历史长河中抹上浓重的一笔，也值得其他国家学习和借鉴。

# 五位一体

## 伟大事业的总体布局

"五位一体"

**提出时间：**
2012 年 11 月，
十八大报告。

**提及次数：**
在习近平的公开讲话和文章中，
提及 30 次以上。

**产生影响：**
是完成社会主义现代化和中华民
族伟大复兴的总布局，为奋斗目
标的实现规划蓝图，明确努力的
领域和方向。

"五位一体"，是对"全面推进经济建设、政治建设、文化建设、社会建设、生态文明建设"的概括表述。

在习近平总书记自中共十八大以来的历次公开讲话与文章中，"五位一体"及其全称总共提到超过 30 次。作为中国特色社会主义这一伟大事业的总体布局，它为"两个一百年"奋斗目标和中国梦的实现，明确了努力的领域和方向。

## 从"两个文明"到"五位一体"

"五位一体"总布局提出于党的十八大，是中国共产党在领导人民建设中国特色社会主义的实践中认识不断深化的结果。

怎样建设中国特色社会主义？改革开放初期，邓小平同志提出了"一手抓精神文明，一手抓物质文明"的"两个文明"建设。此后，从十六大报告里的经济、政治、文化建设"三位一体"，到十七大报告中提出经济建设、政治建设、文化建设和社会建设的"四位一体"，再到十八大报告中的"五位一体"，中国发展的总体布局逐步形成并不断完善。

生态文明建设，让"五位一体"的内涵更加丰富、全面。"随着我国经济社会发展不断深入，生态文明建设地位和作用日益凸显。党的十八大把生态文明建设纳入中国特色社会主义事业总体布局，使生态文明建设的战略地位更加明确，有利于把生态文明建设融入经济建设、政治建设、文化建设、社会建设各方面和全过程。"2012 年 11 月 17 日，习近平在十八届中共中央政治局第一次集体学习中就提到了生态文明建设的重要意义。

## 为"奋斗目标"规划蓝图

党的十八大强调，建设中国特色社会主义，总依据是社会主义初级阶段，总布局是五位一体，总任务是实现社会主义现代化和中华民族伟大复兴。总布局的安排，为的就是规划蓝图，实现总目标。

"更好的教育、更稳定的工作、更满意的收入、更可靠的社会保障、更高水平的医疗卫生服务、更舒适的居住条件、更优美的环境，期盼孩子们能成长得更好、工作得更好、生活得更好"，这是习近平总书记对人民梦想的概括。而这些梦想的实现，离不开"五位一体"的总布局。

在世界各地访问时，习近平同样多次提及"五位一体"对中国人民实现奋斗目标的意义。2013 年参加金砖国家领导人第五次会晤以及 2015 年在新加坡国立大学发表演讲时，习近平都提及中国将要实现"两个一百年"的奋斗目标。他强调，为了实现这两大目标，要"全面推进经济建设、政治建设、文化建设、社会建设、生态文明建设，促进现代化建设各个方面、各个环节相协调，建设美丽中国"。

## 用具体实践落实布局

总布局能否带来总目标的实现，关键在于具体的实践。

2015 年 12 月 31 日，习近平在全国政协新年茶话会上指出，"2015 年，是党和国家事业发展很不平凡的一年。中共中央团结带领全国各族人民，把握国内外发展大势，协调推进'四个全面'战略布局，经济增长继续居于世界前列，推动经济建设、政治建设、文化建设、社会建设、生态文明建设和党的建设取得了新进步。"

经济运行总体平稳并保持中高速增长、"十二五"规划胜利收官、反腐败工作不断推进；2015 年中央全面深化改革领导小组确定的 101 个重点改革任务基本完成，中央有关部门完成 153 个改革任务，各方面共出台改革成果 415 条……在生态文明建设方面，《大气污染防治行动计划》和《水污染防治行动计划》的颁布实施，史上最严环保法的出台，环保部对有严重污染的城市市长进行约谈，生态环境保护的力度在加大、生态环境改善的态势正显现。

"五位一体"总体布局在全面深化改革中得以全方位体现。

# 五大发展理念

## 引领发展实践的"指挥棒"

**五大发展理念**

**提出时间：**
2015 年 10 月，
十八届五中全会。

**提及次数：**
十八大以来，仅在国内调研中，
习近平就曾 50 多次提到"五大
理念"的某一方面。

**产生影响：**
是针对中国经济发展进入新常
态、世界经济复苏低迷开出的
药方，开始成为当下引领中国
发展实践的"指挥棒"。

"创新、协调、绿色、开放、共享的发展理念，集中体现了'十三五'乃至更长时期我国的发展思路、发展方向、发展着力点，是管全局、管根本、管长远的导向。"2016年1月29日，在中共中央政治局集体学习时，习近平这样概括"五大发展理念"。

读懂五大发展理念，不仅可以更好读懂转型中的中国，而且有利于准确把握未来中国。

## 新理念新表述

据不完全统计，十八大以来，仅在国内的调研中，习近平就曾50多次提到"五大发展理念"中的某一方面，涉及经济、民生、生态、科技等多个领域；而在党的十八届五中全会上作为整体概念出现后，习近平则在中央政治局会议、中央政治局集体学习、中央财经领导小组会议、二十国集团峰会、亚太经合组织会议、气候变化巴黎大会、世界互联网大会、发表2016年新年贺词、亚投行开业式、调研重庆、省部级主要领导干部专题研讨班等场合，先后10余次提及"五大发展理念"。

不仅如此，在重庆调研时，习近平还给五大发展理念中的每一个词语都配上了一个动词：崇尚创新、注重协调、倡导绿色、厚植开放、推进共享。

为何如此重视五大发展理念？习近平指出，发展理念是战略性、纲领性、引领性的东西，发展理念搞对了，目标任务就好定了，政策举措也就跟着好定了。

五大发展理念绝非凭空产生，它是在总结国内外发展经验教训的基础上形成的，也是在分析国内外发展大势的基础上形成的，反映了我们党对经济社会发展规律认识的深化，是针对我国发展中的突出矛盾和问题提出来的。

同样值得注意的是，五大发展理念已经开始成为引领当下中国发展实践的"指挥棒"，考验着各级干部能否适应新常态、引领新常态。

## 新态势新思路

为什么提出新理念？时势使然。

2015，是"十二五"的收官之年；2016，则是"十三五"的开局之年。这是一个承上启下的历史时刻：一方面，未来5年中，中国需要全面建成小康社会，任务繁重；另一方面，世界经济增长乏力，中国传统的发展模式面临巨大考验。

用习近平的话说，五大发展理念就是"针对我国经济发展进入新常态、世界经济复苏低迷开出的药方"。

从内部看，中国迎来"人口红利"消失的拐点，传统高投入、高能耗的发展模式的边际效应在递减，由此带来的经济、社会、生态问题也在增加；从外部看，世界经济复苏缓慢，高出口对经济的拉动减弱，世界范围内的竞争则在加剧，需要通过新的发展模式提升竞争力。

而这一切，都是为了使中国变得更好。提出五大发展理念不仅是解决当下问题的一时之计，更是推动中国长远发展的战略谋划。

## 新任务新实践

泱泱大国，发展不易。要贯彻好这样的理念，还有很长的路要走，还有很多的事要做。

比如创新。中国虽然已是制造业大国、贸易第一大国，但并非制造和贸易的强国。国人充盈的消费力下，奔赴海外购买马桶盖、电饭煲、奶粉、保健品等，就给中国提出了非常现实的创新要求；而在日用高科技领域，中国也依然缺乏最前沿的技术和革命性的创新。因此，无论"互联网＋"、大数据还是"中国制造2025"，都是为了解决原创不足问题而提出的长远计划。

比如绿色。整个大北方的雾霾，已经成为人民群众"会呼吸的痛"；土壤、水、重金属污染，也是考验中国的重大课题。谈到长江经济带，习近平专门提出，"共抓大保护，不搞大开发"；史上最严环保法的出台，也是要在金山银山和绿水青山之前取得兼顾和平衡。

比如开放。中国是世界经济增长的重要引擎，更需要在许多层面与世界接轨。在中国，在对外开放程度高的地区率先进行自贸区"压力测试";"一带一路"、亚投行、人民币加入 SDR（特别提款权），则体现出中国参与全球治理、承担大国责任、共建命运共同体的决心，不仅有经济合作，更有政治、文化、社会、军事等各领域合作。

当"崇尚创新、注重协调、倡导绿色、厚植开放、推进共享"在全党全社会蔚然成风，我们必然可以期许一个更好、更健康，也更有活力的中国。

# 一带一路

## 互利共赢　造福世界

**"一带一路"**

**提出时间：**

2013 年 9 月到 10 月，习近平出访哈萨克斯坦和东盟时，分别提出共同建设"丝绸之路经济带"和"21 世纪海上丝绸之路"的构想，后合称为"一带一路"。

**提及次数：**

在习近平的公开讲话和文章中，提及 200 多次。

**产生影响：**

开创了中国全方位对外开放新格局，促进了沿线国家的共同发展，为全球经济治理提供了新思路。

2013 年 9 月，中国国家主席习近平在哈萨克斯坦纳扎尔巴耶夫大学发表演讲，提到了开辟古丝绸之路的张骞，讲到了丝路上的陕西，并提出了共同建设"丝绸之路经济带"的畅想。同年 10 月，习近平出访东盟，提出中国愿同东盟国家加强海上合作，共同建设"21 世纪海上丝绸之路"。作为中国外交的新提法，"丝绸之路经济带"和"21 世纪海上丝绸之路"共同构成了"一带一路"的倡议。

## 上升为国家战略

"一带一路"自从提出之后，在各种重大场合被习近平提及。

2013 年 11 月，中国共产党十八届三中全会通过的《中共中央关于全面深化改革若干重大问题的决定》明确指出："加快同周边国家和区域基础设施互联互通建设，推进丝绸之路经济带、海上丝绸之路建设，形成全方位开放新格局。"同年 12 月，习近平在中央经济工作会议上提出，推进丝绸之路经济带建设，建设 21 世纪海上丝绸之路。

2014 年 11 月的中央财经领导小组第八次会议专门研究了丝绸之路经济带和 21 世纪海上丝绸之路规划，发起建立亚洲基础设施投资银行和设立丝路基金。

2015 年 3 月，习近平在博鳌亚洲论坛发表主旨演讲时指出，"一带一路"建设秉持的是共商、共建、共享原则，不是封闭的，而是开放包容的。随后，中国政府发布《推动共建丝绸之路经济带和 21 世纪海上丝绸之路的愿景与行动》，明确了共建原则、框架思路、合作重点、合作机制等具体内容。

2015 年 10 月，党的十八届五中全会通过的《中共中央关于制定国民经济和社会发展第十三个五年规划的建议》明确指出，推进"一带一路"建设，以企业为主体，实行市场化运作，推进同有关国家和地区多领域互利共赢的务实合作，打造陆海内外联动、东西双向开放的全面开放新格局。

## 促进沿线各国共同发展

"一带一路"不是中国一家的独奏，而是沿线国家的合唱。

作为迄今为止世界上人口规模最大的互利共赢的命运共同体，"一带一路"涉及 60 多个国家，40 多亿人口。"一带一路"以基础设施的互联互通作为优先领域，为沿线发展中国家提供基础公共产品，带动沿线各国货物贸易、服务贸易和投资的增长，以中国的发展带动沿线国家的发展和世界的发展。正如习近平所言："欢迎大家搭乘中国发展的列车，搭快车也好，搭便车也好，我们都欢迎。"

正是共商、共建、共享的理念，让"一带一路"得到沿线国家的支持和积极参与。

2016 年新年伊始，习近平出访沙特、埃及、伊朗，同 3 国领导人商定在共建"一带一路"框架下，对接各自发展战略，实现协同发展和联动增长。在习近平此访期间，3国分别同中方签署了关于共建"一带一路"的谅解备忘录，中沙还签署了加强"网上丝绸之路"建设合作的谅解备忘录。

目前，"一带一路"已经与欧亚经济联盟建设、蒙古"草原之路"战略、哈萨克斯坦"光明大道"、欧洲"容克投资计划"、越南"两廊一圈"等国家和地区的战略规划形成了对接。

巴基斯坦旁遮普省900兆瓦光伏地面电站，莫斯科到北京的高铁项目，中国白俄罗斯工业园，中塔公路二期……"一带一路"框架下的合作是多元的，涉及基础建设、产业投资、资源开发、经贸合作、金融合作、人文交流、生态保护、海上合作等领域，而非西方有些人所说的仅仅是能源领域。

## 为全球治理提供新思路

"一带一路"建设致力于推动相关国家扩大市场开放和贸易投资便利化，有利于促进国际经贸规则制定朝着更加公正合理的方向发展，是区域经济合作理论和实践的重大创新，也为完善全球经济治理提供了新思路新方案。

2016年1月，亚洲基础设施投资银行正式成立。作为由中国首个倡议设立的多边金融机构，它体现了中国作为一个大国的国际责任和国际担当，是全球金融治理的增量改革。此外，丝路基金、跨境人民币结算业务也在有条不紊地推进。这些国际公共产品，是中国积极参与全球治理，提供中国方案、贡献中国智慧的具体实践。

正如俄罗斯《导报》刊文所称，对中国来说，"一带一路"与其说是路，不如说是中国最重要的哲学范畴——"道"，包含行动、力量展示、创举和社会秩序等多重含义，中国在"一带一路"战略中多多少少提出了"全球治理新模式"。

# 文化自信

## 实现中国梦的精神动力

**文化自信**

**提出时间：**
2014 年 2 月，
中央政治局第十三次集体学习。

**提及次数：**
在习近平的公开讲话和文章中，
提及近 10 次。

**产生影响：**
为实现两个一百年奋斗目标和中
华民族伟大复兴的中国梦提供不
竭精神动力和文化保障。

文化自信，是习近平总书记继道路自信、制度自信、理论自信之后提出的第四个自信。自十八大以来，"文化自信"一词在习近平总书记的公开讲话与文章中出现次数达 10 次以上。

一个国家、一个民族的强盛，离不开文化兴盛的支撑。坚定文化自信，才能推动文化繁荣，才能为当代中国发展进步，为实现"两个一百年"奋斗目标和中华民族伟大复兴的中国梦提供不竭精神动力和强大文化保障。

## 文化自信的底色是什么？

坚定的文化自信，与坚定的道路自信、理论自信、制度自信一样，都是中华民族实现伟大复兴不可或缺的精神条件。

对中国来说，谈及文化自信，究竟是什么样的文化能够令人自信？换句话说，中国文化自信的底色是什么？

在庆祝中国共产党成立 95 周年大会的讲话中，习近平总书记给出了答案：在 5000 多年文明发展中孕育的中华优秀传统文化，在党和人民伟大斗争中孕育的革命文化和社会主义先进文化，积淀着中华民族最深层的精神追求，代表着中华民族独特的精神标识。

泱泱中华，历史悠久，文明博大。中华民族在几千年历史中创造和延续的中华优秀传统文化，是中华民族的根和魂。习近平指出："要认真汲取中华优秀传统文化的思想精华和道德精髓，大力弘扬以爱国主义为核心的民族精神和以改革创新为核心的时代精神，深入挖掘和阐发中华优秀传统文化讲仁爱、重民本、守诚信、崇正义、尚和合、求大同的时代价值，使中华优秀传统文化成为涵养社会主义核心价值观的重要源泉。"

20世纪前期，中国历史可谓与革命相伴而行。在长期革命斗争中，红船精神、井冈山精神、苏区精神、长征精神、延安精神、西柏坡精神……革命精神和革命文化展现了中国共产党人的历史担当，是中国共产党价值追求和中华民族精神内涵最生动的象征。

关于社会主义先进文化，武汉大学教授沈壮海认为，当代中国的创造性实践，是中国特色社会主义伟大实践；当代中国的文化自信，本质上是对社会主义先进文化的自信。

## 为何要坚持文化自信？

文化自信，是更基础、更广泛、更深厚的自信。

2016年5月17日，在哲学社会科学工作座谈会上，习近平总书记表示，坚定中国特色社会主义道路自信、理论自信、制度自信，说到底是要坚定文化自信。"历史和现实都表明，一个抛弃了或者背叛了自己历史文化的民族，不仅不可能发展起来，而且很可能上演一场历史悲剧。"

"当今世界，要说哪个政党、哪个国家、哪个民族能够自信的话，那中国共产党、中华人民共和国、中华民族是最有理由自信的。"在庆祝中国共产党成立95周年大会的讲话中，习近平指出，有了"自信人生二百年，会当水击三千里"的勇气，我们就能毫无畏惧面对一切困难和挑战，就能坚定不移开辟新天地、创造新奇迹。

"文化自信和文化自觉是对道路、理论、制度的自信和自觉的升华和信服。只有文化自信，才是对道路、理论、制度发自内心和心悦诚服的自信，只有文化自觉，才是对道路、理论、制度清醒、理智的把握和践行。"谈及文化自信的意义，北京语言大学当代中国研究所所长、教授郑承军这样表示。

### 如何在实践中坚定文化自信？

文化自信并非泛泛空谈。坚持文化自信，同样需要在实践中有所体现。

在习近平的讲话和考察中，他对包括儒家思想在内的中华优秀传统文化的论述不计其数。比如，在山东曲阜考察时，习近平总书记在孔子研究院饶有兴趣地一本本翻看研究成果。看到《孔子家语通解》《论语诠解》两本书时，他说："这两本书我要仔细看看。"

从"逢山开路，遇水搭桥""苟利国家生死以，岂因祸福避趋之"到"欲穷千里目，更上一层楼""山明水净夜来霜，数树深红出浅黄"，无论是在国际场合还是针对国内的考察讲话，习近平经常引用古诗词来表达观点。

面对文艺工作者，他强调，如果"以洋为尊""以洋为美""唯洋是从"，把作品在国外获奖作为最高追求，跟在别人后面亦步亦趋、东施效颦，热衷于"去思想化""去价值化""去历史化""去中国化""去主流化"那一套，绝对是没有前途的。

面对华侨华人，他表示，希望大家继续弘扬中华文化，不仅自己要从中汲取精神力量，而且要积极推动中外文明交流互鉴，讲述好中国故事、传播好中国声音，促进中外民众相互了解和理解，为实现中国梦营造良好环境。

事实上，近些年来，中国的文化自信在很多方面都已有所体现。孔子学院的不断落地、各国"汉语热"的兴起、文学作品获得包括诺贝尔奖和雨果奖在内的各类国际奖项、《媳妇的美好时代》等影视作品在海外热播……这些都是中国文化彰显影响力、并逐渐受到国际社会认可的体现。

而唯有做到"文化自信"，才能更有底气地向外界展示自己的优秀文化。

二、全面建成小康社会

# 京津冀协同发展

## 国家战略　加快推进

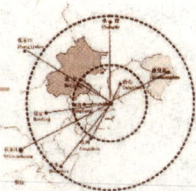

**京津冀协同发展**

**提出时间：**
2014 年 2 月 26 日，
在听取京津冀协同发展专题汇
报时。

**提及次数：**
在习近平的公开讲话和文章中，
提及 20 次以上。

**产生影响：**
作为重大国家战略，将实现京
津冀优势互补，促进环渤海经
济区发展，带动北方腹地发展。

中共十八大以来，以习近平为总书记的党中央将首都北京及其周边区域的协同发展摆到重要位置。2015 年 10 月，中共中央关于制定"十三五"规划的建议中，强调"拓展发展新空间"时重点谈及三大战略，其中即包括京津冀协同发展——以"一带一路"建设、京津冀协同发展、长江经济带建设为引领，形成沿海沿江沿线经济带为主的纵向横向经济轴带。

目前，2016 年京津冀三地的"两会"都已结束，在其各自的政府工作报告中，京津冀协同发展都是一项重要议题，并在多个领域制定了明确的推进方案。可以说，京津冀协同发展进入加快推进阶段。

## 问题导向：制定重大国家战略

2013 年 5 月，习近平到天津考察；同年 7 月，习近平赴河北调研。2014 年 2 月 26 日，习近平在北京主持召开座谈会，专题听取京津冀协同发展工作汇报。自此，京津冀协同发展正式成为一个固定的关键词，同时上升为一项重大的国家战略。习近平数十次在公开讲话中提及这一战略，并直接推动多项工作。京津冀协同发展领导小组也在 2014 年成立，并由中共中央政治局常委、国务院副总理张高丽担任组长。

这一重大战略的提出，具有问题导向意识。京津冀三省市，地缘相接、人缘相亲，但在发展过程中的不平衡造成了经济、交通、环境、资源配置等诸多方面的问题。所谓"北京吃不下，天津吃不饱，河北吃不着"。从根本上看，这就是区域发展不协调的问题。京津冀协同发展，就是要让三地优势互补，发挥三地"地域一体、文化一脉，历史渊源深厚、交往半径相宜"的良好条件，使得该地区能够成为"以首都为核心的世界级城市群"。

## 顶层设计：明确三地功能定位

2015 年 4 月，中央政治局会议审议通过《京津冀协同发展规划纲要》，明确了三地各自的功能定位。

北京的定位是"全国政治中心、文化中心、国际交往中心、科技创新中心"，着重疏解非首都核心功能。为此，动物园、大红门服装批发市场数万商户外迁，中心城区优质教育、医疗资源向远郊区县迁移，更为艰巨的是在通州建设行政副中心。2016年北京市政府工作报告中明确指出，"将加快市行政副中心建设"，确保到 2017 年市属行政事业单位部分迁入，带动其他行政事业单位及公共服务功能转移。

天津的定位是"全国先进制造研发基地、北方国际航运核心区、金融创新运营示范区、改革开放先行区"。在其 2016 年政府工作报告中，"创新""贸易"是高频词汇，提出要推进科技创新，提高产业核心竞争力，使经济结构发生实质性变化。

河北的定位是"全国现代商贸物流重要基地、产业转型升级试验区、新型城镇化与城乡统筹示范区、京津冀生态环境支撑区"。2015 年前 10 个月，河北引进京津项目 3621 个，既疏解了两地功能，又解决了自身招商问题。2016 年将着重实现动力转换，把"坚定不移推进创新发展"放在首位。

## 实施进展：交通环保率先突破

在顶层设计之下，三地在交通一体化和生态环境保护等方面的协同发展首先有了突破性进展。

2015 年年底，京津冀一卡通正式发售。北京 139 条、天津 100 余条和河北省 300 余条公交线路率先互联互通。计划到 2017 年，三省市凭"一卡通"，不仅可以异地乘地铁、坐公交，还可以刷卡租赁公共自行车、打的、坐长途客车，在旅游景点消费。按照《京津冀城际铁路网规划修编方案（2015—2030 年)》，京津冀将建成"四纵四横一环"的交通骨架，未来会形成京津石中心城区与新城、卫星城之间"1 小时通勤圈"、京津唐"1 小时交通圈"。

雾霾问题一直备受京津冀地区居民的关注。三地启动了大气污染防治协作机制，联合出击治理雾霾，取得一定成效。为了解决因污染物排放标准不统一而造成污染项目在三地内部转移的问题，2015 年 11 月三地环保厅局签署了《京津冀区域环境保护率先突破合作框架协议》。据统计，2015 年上半年，三地已减少燃煤 1021 万吨，推广新能源车 2 万余辆，京津两地黄标车全部淘汰。另外，将在 2022 年举办的北京冬奥会也是实施京津冀协同发展战略的重要机遇。坚持"绿色办奥"的理念，将推动三地环保进入新阶段。

# 长江经济带

## 万里长龙　乘势腾飞

**长江经济带**

**提出时间：**
2014 年 12 月，习近平在公开讲话
中提及。

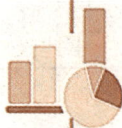

**提及次数：**
2016 年 1 月，习近平在重庆视察
时，对其进行了详细阐述。

**产生影响：**
长江经济带与"一带一路"、京津
冀协同发展战略共同构成三大国家
战略，正成为推动我国经济发展的
强大动力。

全长 6300 公里，流经 11 个省市，奔腾不息，浩浩荡荡——这就是中华民族的母亲河之一万里长江。串起上海、江苏、浙江、安徽、江西、湖北、湖南、重庆、四川、贵州、云南，基础雄厚，活力无限，一个万里经济带正在崛起——这就是长江经济带。与"一带一路"、京津冀协同发展战略一起共同构成国家三大发展战略，长江经济带犹如万里长龙，乘势腾飞，成为推动我国经济发展的强大动力。

2016 年的第一个工作日，习近平总书记就赴重庆调研，而行程重点就是推动长江经济带建设。从 2013 年起就在预热的长江经济带建设，这个"国字号工程"概念，终于在习近平总书记推动下，进入全面推进之年。

## 重心所在　活力所在

长江流域目前是世界上人口最多、产业规模最大、城市体系最为完整的流域。长江经济带涉及人口和产值均超过全国的40%。

习近平在重庆调研时的讲话中强调，长江、黄河都是中华民族的发源地，都是中华民族的摇篮。通观中华文明发展史，从巴山蜀水到江南水乡，长江流域人杰地灵，陶冶历代思想精英，涌现无数风流人物。

习近平说，千百年来，长江流域以水为纽带，连接上下游、左右岸、干支流，形成经济社会大系统，今天仍然是连接丝绸之路经济带和 21 世纪海上丝绸之路的重要纽带。新中国成立以来特别是改革开放以来，长江流域经济社会迅猛发展，综合实力快速提升，是我国经济重心所在、活力所在。

## 生态优先　绿色发展

长江经济带的发展涉及方方面面，其中解决生态问题、实现绿色发展是重中之重。

长江航务管理局资料显示，长江作为水源地，沿线化工产量约占全国的 46%，长江干线港口危化品吞吐量已达 1.7 亿吨，生产和运输的危化品种类超过 250 种。另外，小水电建设、航运管理、沿江各省市经济发展不平衡，正制约着长江经济带的发展。

习近平指出，长江拥有独特的生态系统，是我国重要的生态宝库。当前和今后相当长一个时期，要把修复长江生态环境摆在压倒性位置，共抓大保护，不搞大开发。要把实施重大生态修复工程作为推动长江经济带发展项目的优先选项，实施好长江防护林体系建设、水土流失及岩溶地区石漠化治理、退耕还林还草、水土保持、河湖和湿地生态保护修复等工程，增强水源涵养、水土保持等生态功能。

事实上，长江经济带建设的思路发生变化，在 2015 年年底发布的《中共中央关于制定国民经济和社会发展第十三个五年规划的建议》中已有所体现。建议称，要推进长江经济带建设，改善长江流域生态环境，高起点建设综合立体交通走廊，引导产业优化布局和分工协作。

## 全面把握　统筹谋划

习近平强调，长江经济带作为流域经济，涉及水、路、港、岸、产、城和生物、湿地、环境等多个方面，是一个整体，必须全面把握、统筹谋划。

正如习近平所说："沿江省市和国家相关部门要在思想认识上形成一条心，在实际行动中形成一盘棋。"各地紧跟中央战略部署，目前已经将"改善长江流域生态环境"作为参与长江经济带建设中头等大事来抓。在近日召开的各地两会政府工作报告中，各地表示将坚持生态优先、绿色发展的战略定位，积极融入长江经济带建设，大力构建绿色生态廊道。

上海政府工作报告强调，将实行最严格的资源节约和环境保护制度，强化联防联控和区域共治，坚决以硬措施完成硬任务；江苏政府工作报告强调，深入开展太湖、长江、淮河以及近岸海域污染防治，限期治理水质不达标国家考核断面；湖北在政府工作报告中倡议，共同把长江经济带建设成为我国生态文明建设的先行示范带、创新驱动带、协调发展带；重庆市在政府工作报告中提出，保护长江母亲河，实施新一轮退耕还林工程和天然林保护工程，加大森林、林地、湿地等生态系统保护，推进土壤及生态系统修复，建设长江上游重要生态屏障。

# 空谈误国　实干兴邦

## 实干才能梦想成真

空谈误国
实干兴邦

**提出时间：**

2012 年 11 月 29 日，参观《复兴之路》展览时。

**提及次数：**

在习近平的公开讲话和文章中，提及近 10 次。

**产生影响：**

凝聚智慧与力量，改善了干群关系，推动风清气正的政治生态建设，为中国梦的实现提供有力保障。

2012 年 11 月 29 日，习近平总书记和其他中央政治局常委集体参观《复兴之路》展览时发表重要讲话，深情阐述中国梦，其中特别提到"实现中华民族伟大复兴是一项光荣而艰巨的事业，需要 代又一代中国人共同为之努力。空谈误国，实干兴邦。"

面对全面建成小康社会的目标，面对中华民族伟大复兴的"中国梦"，13 亿中国人特别是党员领导干部应以什么样的精神状态和作风去奋斗？——"空谈误国，实干兴邦"就是答案。

## 实干是成就事业的必由之路

在参观《复兴之路》展览后一周，习近平赴广东考察工作，这是他在党的十八大之后第一次到地方考察、调研。习近平表示，这次调研之所以到广东来，就是要到在我国改革开放中得风气之先的地方，现场回顾我国改革开放的历史进程，将改革开放继续推向前进。考察结束时，习近平警示各级领导干部要牢记"空谈误国，实干兴邦"的道理。他指出，全面建成小康社会要靠实干，基本实现现代化要靠实干，实现中华民族伟大复兴要靠实干。

党的十八大以后，习近平在 1 个多月时间里两次提到"空谈误国，实干兴邦"，彰显了新一届中央领导集体锐意进取、真抓实干，奋力推进中国特色社会主义伟大事业的决心和勇气。随后的 4 年时间，中国在实干的风气中不断前行。2013 年 11 月，党的十八届三中全会通过《中共中央关于全面深化改革若干重大问题的决定》；同年 12 月，由习近平担任组长的中央全面深化改革领导小组成立。2014 年，中央深改领导小组完成了 80 个重点改革任务，中央有关部门完成了 108 个改革任务，共出台 370 条改革成果。2015 年，中央深改领导小组确定的 101 个重点改革任务基本完成，中央有关部门完成 153 个改革任务，各方面共出台改革成果 415 条，改革呈现全面发力、纵深推进的良好态势。

"事实是真理的依据，实干是成就事业的必由之路。这也是'空谈误国，实干兴邦'的真谛。"习近平这样阐释。

## 作风建设真抓实干、实招不断

这几年，人民群众无不对作风建设的不断深入和明显成效感受深刻。而这得益于党中央对作风建设，实招不断。

2012 年 12 月，中央政治局会议审议关于改进工作作风、密切联系群众的八项规定，提出改进调查研究、改会风、改文风等具体要求——这也拉开了十八大后全面从严治党的序幕。2013 年 6 月，在党的群众路线教育实践活动工作会议上，习近平提出了反对形式主义、官僚主义、享乐主义和奢靡之风的要求，并指出在形式主义方面，主要是知行不一、不求实效，文山会海、花拳绣腿，贪图虚名、弄虚作假。2014 年 3 月，习近平在参加十二届全国人大二次会议安徽团审议时指出，各级领导干部都要树立和发扬好的作风，既严以修身、严以用权、严以律己，又谋事要实、创业要实、做人要实。

"八项规定"、反"四风"、"三严三实"促使党员干部在工作中更加注重出实招、干实事、求实效，推动了风清气正的政治生态建设。

## 每位国人都要从自身做起

"空谈误国，实干兴邦"，绝非只是党员干部的事情。中国梦的实现需要良好的社会风气，需要每一个中国人保持奋发向上的精神面貌，脚踏实地地努力前行。

2013 年 4 月，习近平同全国劳动模范代表座谈时指出，"实现我们的奋斗目标，开创我们的美好未来，必须紧紧依靠人民、始终为了人民，必须依靠辛勤劳动、诚实劳动、创造性劳动。""我们说'空谈误国，实干兴邦'，实干首先就要脚踏实地劳动。"

同年 5 月，同各界优秀青年代表座谈时，习近平谆谆教导广大青年要牢记"空谈误国、实干兴邦"，立足本职、埋头苦干，从自身做起，从点滴做起，用勤劳的双手、一流的业绩成就属于自己的人生精彩。

这 4 年，中国梦的蓝图愈加清晰，"四个全面"稳步推进，对外开放全方位推进，中国在全球治理中发挥着越来越重要的作用，这些都是全体中国人实干的结果。2016 年是"十三五"的开局之年，更是全面建成小康社会决胜阶段的开局之年，需要每一个中国人一如既往地发挥实干精神。唯此，中国梦才能真正实现。

# 社会主义核心价值观

## 传承民族精神　凝聚中国力量

**社会主义核心价值观**

**提出时间：**

2012 年 11 月，
党的十八大。

**提及次数：**

在习近平的公开讲话和文章
中，提及 100 多次。

**产生影响：**

作为凝魂聚气、强基固本的基
础工程，正引导人们积极追求
高尚的道德理想，不断夯实中
国特色社会主义的思想道德
基础。

有 24 个字，自 2012 年在中共十八大上提出之后，中央政治局以此为主题进行过集体学习，习近平总书记多次就此发表重要讲话、反复提出要求，这就是社会主义核心价值观。

4 年来，社会主义核心价值观正在成为 13 亿中国人的精神追求和自觉行动。

## 优秀传统与传承创新

倡导富强、民主、文明、和谐，倡导自由、平等、公正、法治，倡导爱国、敬业、诚信、友善。党的十八大报告提出的"三个倡导"，明确了社会主义核心价值观的基本内容。

这 24 个字，从国家、社会、个人三个层面，把涉及国家、社会、公民的价值要求融为一体，既体现了社会主义本质要求、继承了中华优秀传统文化，也吸收了世界文明有益成果、体现了时代精神，实际上回答了我们要建设什么样的国家、建设什么样的社会、培育什么样的公民的重大问题。

24 字的社会主义核心价值观并非无本之木，而是有根有源，它发端于中国优秀传统，又有了传承创新。

"中华优秀传统文化是中华民族的精神命脉，是涵养社会主义核心价值观的重要源泉，也是我们在世界文化激荡中站稳脚跟的坚实根基。"在 2014 年 10 月召开的文艺工作座谈会上，习近平对文艺工作者这样说。

的确，中华文化源远流长，积淀着中华民族最深层的精神追求，代表着中华民族独特的精神标识，为中华民族生生不息、发展壮大提供了丰厚滋养。不论以爱国主义为核心的民族精神，还是讲仁爱、重民本、守诚信、崇正义、尚和合、求大同的优秀传统文化，都为核心价值观提供了深厚的历史积淀。正因为如此，发源于优秀传统文化的核心价值观，通过古为今用、推陈出新，融入以改革创新为核心的时代精神，才得到广泛认同，凝聚起强大的中国力量。

## 文化软实力的灵魂

培育和弘扬社会主义核心价值观有多重要？

"核心价值观是文化软实力的灵魂、文化软实力建设的重点。这是决定文化性质和方向的最深层次要素。一个国家的文化软实力，从根本上说，取决于其核心价值观的生命力、凝聚力、感召力。"2014 年 2 月 24 日，中共中央政治局就培育和弘扬社会主义核心价值观、弘扬中华传统美德进行第十三次集体学习时，习近平总书记这样说。他将培育和弘扬社会主义核心价值观视为"凝魂聚气、强基固本的基础工程"。

为什么中华民族能够在几千年的历史长河中生生不息、薪火相传、顽强发展？习近平的回答是：很重要的一个原因就是中华民族有一脉相承的精神追求、精神特质、精神脉络。

如果没有共同的核心价值观会怎样？习近平的回答是：如果那样，一个民族、一个国家就会魂无定所、行无依归。

除了中央政治局的集体学习，习近平还在多个场合反复提到核心价值观，经梳理可以发现，不论在北京大学会见青年学生还是六一儿童节前夕看望小学生，不论参加院士大会还是与文艺工作者座谈，不论在上海考察工作还是到革命老区看望慰问干部群众……经常挂在习近平嘴边、被反复强调的事情中，常有弘扬和践行社会主义核心价值观。

在会见青年的时候，习近平用了一个生动的比喻来讲道理：青年处在价值观形成和确立的时期，抓好这一时期的价值观养成十分重要。这就像穿衣服扣扣子一样，如果第一粒扣子扣错了，剩余的扣子都会扣错。人生的扣子从一开始就要扣好。

### 春风化雨入万家

核心价值观如何发挥作用呢？

习近平指出，一种价值观要真正发挥作用，必须融入社会生活，让人们在实践中感知它、领悟它。要注意把我们所提倡的与人们日常生活紧密联系起来，在落细、落小、落实上下功夫。要切实把社会主义核心价值观贯穿于社会生活的方方面面。要通过教育引导、舆论宣传、文化熏陶、实践养成、制度保障等，使社会主义核心价值观内化为人们的精神追求，外化为人们的自觉行动。

4 年来的中国实践印证了这一点。

2013 年，中共中央办公厅印发《关于培育和践行社会主义核心价值观的意见》，对这一"铸魂工程"作出战略部署。

当下，各地各部门正在用社会主义核心价值观凝聚人心，将之渗透到各个环节、浸润于方方面面，使之如春风化雨入万家，成为百姓日用而不觉的行为准则。

宣传时代楷模、最美人物、身边好人，评选表彰道德模范，建立健全发挥先进模范作用的长效机制，一系列以弘扬社会主义核心价值观为主题的活动纷纷展开，一个个可亲、可敬、可学的榜样正在帮助营造见贤思齐、崇德向善的社会氛围。

各地还把社会主义核心价值观纳入国民教育，用来引领知识教育，推动社会主义核心价值观进教材、进课堂、进头脑。人们可以看到的是，社会主义核心价值观正在中国广袤的土地上生根生长、开花结果。

# 全面建成小康社会

## 向第一个百年目标迈进

奔小康

**全面建成小康社会**

**提出时间：**

2012 年 11 月，
十八大报告。

**提及次数：**

在习近平的公开讲话和文章中，
提及超过 200 次。

**产生影响：**

是我们党确定的"两个一百年"
奋斗目标的第一个百年目标，是
实现中国梦的关键一步，明确了
当下中国的前进方向。

党的十八大以来,"全面建成小康社会"在习近平总书记的公开讲话与文章中出现次数超过 200 次。到 2020 年全面建成小康社会,这是我们党确定的"两个一百年"奋斗目标的第一个百年目标。2016 年是全面建成小康社会决胜阶段的开局之年。

什么是小康社会?为什么强调全面?如何全面建成小康社会?

## 小康概念如何升华

《诗经》云:民亦劳止,汔可小康。小康,承载着古代中国人对于美好生活最朴素的追求与向往。

改革开放三十多年来,中国共产党对"小康"的概念进行了全面的升华。1979 年,邓小平在会见时任日本首相大平正芳时,第一次提出了"小康"概念。此后,从"总体小康"到"全面小康",从党的十五届五中全会提出"全面建设小康社会"到"全面建成小康社会"写进十八大报告——中国共产党对什么是小康社会、如何建设小康社会的认识不断深化。

习近平总书记说,"中国已经进入全面建成小康社会的决定性阶段,实现这个目标是实现中华民族伟大复兴中国梦的关键一步。"这标志着,全面建成小康社会,已成为民族复兴的重要里程碑。

## 什么是"全面"的小康

回顾改革开放三十多年的历程，中国经历着飞速发展，又不得不面对众多"发展起来之后的问题"，例如农村贫困人口、收入差距过大、发展不平衡等。

"全面实现小康，一个民族都不能少""没有全民健康，就没有全面小康""小康全面不全面，生态环境质量是关键"……

习近平总书记的这些讲话，指出了全面建成小康社会的短板与瓶颈，而只有解决这些短板和瓶颈，才能做到全面。

清华大学教授胡鞍钢认为，全面建成小康社会，其维度不仅仅是经济、政治，也包括生态文明等多方面。因此，全面建成小康社会是各项事业均衡发展的小康。

## 怎样建成全面小康

"决胜全面建成小康社会的伟大进军，每一个中国人都有自己的责任。"2015 年 12 月 31 日，习近平总书记在出席全国政协新年茶话会时这样讲道。

面对如期全面建成小康社会的重任，全体中国人民将如何在以习近平为总书记的党中央带领下来完成？

在"十三五"规划建议中，打赢脱贫攻坚战是全面建成小康社会的底线目标。2015 年 11 月 23 日，中共中央政治局审议通过《关于打赢脱贫攻坚战的决定》，各级党委和政府逐级立下军令状，层层落实脱贫攻坚责任。

从创新理念下的实施智能制造工程，构建新型制造体系，到协调理念下的坚持工业反哺农业、城市支持农村，健全城乡发展一体化体制机制；从绿色理念下的支持绿色清洁生产，推进传统制造业绿色改造，到开放理念下的完善法治化、国际化、便利化的营商环境，再到共享理念下的建立更加公平更可持续的社会保障制度，在五大理念指引下，"十三五"规划为全面建成小康社会规划了蓝图，提出了实现目标的方式。

# 精准扶贫

## 脱贫攻坚战　吹响集结号

**精准扶贫**

提出时间：
2013 年 11 月，
在湖南湘西考察时。

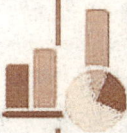

提及次数：
在习近平的公开讲话和文章
中，提及 30 余次。

产生影响：
是摆脱贫困、走向共同富裕
的科学方法，是全面建成小
康社会的重要抓手。

　　"坚持精准扶贫脱贫，因人因地施策。大力培育特色产业，支持就业创业……"在 2016 年的政府工作报告中，精准扶贫成为"2016 年重点工作"的部分重要内容。党的十八大以来，"精准扶贫"在习近平的公开讲话与文章中出现 30 余次。

　　面对 2020 年全面建成小康社会的艰巨任务和实现打赢脱贫攻坚战的底线目标，精准扶贫是当前帮助贫困地区和人口摆脱贫困、走向共同富裕的科学方法，也是全面建成小康社会的重要抓手。

## 精准扶贫如何"精准"

　　2016 年 3 月 8 日，习近平参加十二届全国人大四次会议湖南代表团的审议时，对贫困地区的扶贫脱贫进展表示关心。他说，我正式提出"精准扶贫"就是在十八洞村，前几天中央电视台报道的十八洞村脱贫进展情况，我都看了。

　　2013 年 11 月，习近平总书记在湖南湘西花垣县十八洞村考察时首次提出了"精准扶贫"，强调扶贫要实事求是，因地制宜。要精准扶贫，切忌喊口号，也不要定好高骛远的目标。此后，他在山区、革命老区、少数民族地区等贫困人口集中的地区调研考察时，经常会提到"精准扶贫"。

　　精准扶贫如何"精准"？习总书记在多次讲话中给出了答案。2015 年 1 月，总书记在考察云南省昭通市时提到，深入实施精准扶贫、精准脱贫，项目安排和资金使用都要提高精准度，扶到点上、根上，让贫困群众真正得到实惠。2015 年 11 月，他在中央扶贫开发工作会议上讲，要解决好"扶持谁"的问题，确保把真正的贫困人口弄清楚，把贫困人口、贫困程度、致贫原因等搞清楚，以便做到因户施策、因人施策。

## 为何提倡精准扶贫

摆脱贫困，是古今中外治国安邦的大事。"天下之治乱，不在一姓之兴亡，而在万民之忧乐。"从梁家河知青到中国最高领导人，习近平深切感受到老百姓对摆脱贫困的渴望。"扶贫始终是我工作的一个重要内容，我花的精力最多。"脱贫攻坚事关全面小康能否如期实现，这是习近平总书记的牵挂，可谓念兹在兹。

"当前中国扶贫脱贫已进入攻坚克难的重要阶段，不能再继续'灌水式''输血式'的传统扶贫模式，必须确保如期脱贫、杜绝返贫，因此需要精细化的扶贫思想，促使贫困地区整体脱贫、全面脱贫。"谈及为何要提倡"精准扶贫"，北京师范大学政府管理学院院长唐任伍教授这样表示。

改革开放以来，我国逾 7 亿人摘掉了贫困帽子，取得了举世瞩目的成就。

然而，随着宏观经济环境的变化，以区域开发为重点的农村扶贫出现了偏离目标的问题，扶贫效果有所下降。在现阶段，实施更加有针对性的扶贫政策就显得越来越重要。

## 精准扶贫怎样实现

"让几千万农村贫困人口生活好起来，是我心中的牵挂。我们吹响了打赢扶贫攻坚战的号角，全党全国要勠力同心，着力补齐这块短板，确保农村所有贫困人口如期摆脱贫困。"2015年12月31日，习近平主席发表2016年新年贺词时这样说道。

面对脱贫攻坚的任务，中共中央政治局于2015年11月23日审议通过《关于打赢脱贫攻坚战的决定》，各级党委和政府逐级立下军令状，层层落实脱贫攻坚责任。而精准扶贫则成了完成任务的关键方法。据国家发展改革委员会主任徐绍史介绍，2015年中央经济工作会议期间，全国贫困人口是7017万，经过一年精准扶贫，脱贫人数达到1442万。这样，"十三五"期间需要脱贫人数则降为5575万。

在精准扶贫的具体方法上，各地都推出了因地制宜的方法。比如在黑龙江省青冈县昌盛乡兴东村，"企业+科研院所+合作社+农户"的模式让当地的食用菌产业生产基地实现年产值600万元，纯效益100万元；福建、浙江等地大力推进旅游扶贫，开发的"乡村主题游"与"农家乐"项目都取得了良好效果。

# 创新驱动发展战略

## 引领发展的第一动力

### 创新驱动发展战略

**提出时间：**
2012 年 11 月，
十八大报告中。

**提及次数：**
在习近平的公开讲话和文章中，
提及近 100 次。

**产生影响：**
创新是引领发展的第一动力，
在经济、文化、人才、制度建
设等领域，都发挥着战略作用。

自党的十八大报告提出实施创新驱动发展战略以来，在习近平的公开讲话与文章中，"创新驱动发展战略"已出现近百次；在五大发展理念中，创新排在第一位；"十三五"规划纲要第二篇，即是"实施创新驱动发展战略"；2016年政府工作报告中，"创新"一词出现了约60次；2016年年初，《习近平关于科技创新论述摘编》出版……可以预见，创新驱动发展战略具有非凡意义。

## 谋创新就是谋未来

在人类发展史上，创新始终是推动一个国家、一个民族向前发展的重要力量，也是推动整个人类社会向前发展的重要力量。无论是第一、第二次工业革命，还是现今面对的新一轮产业革命，创新都是创造新需求、引领新方向的根本。

正如2015年3月习近平在参加十二届全国人大三次会议上海代表团审议时所说："创新是引领发展的第一动力。抓创新就是抓发展，谋创新就是谋未来。"

大力发展创新，不仅包括科技创新，也包括理论创新、体制创新、制度创新、文化创新以及人才创新等。这正是中国实施创新驱动发展战略的内涵，即"推进以科技创新为核心的全面创新"，而最终要达到的效果是"让创新贯穿党和国家一切工作，让创新在全社会蔚然成风"。

## 新形势下必然选择

实施创新驱动发展战略是面对国际国内新形势的必然选择。全球新一轮的科技革命，将带来更为激烈的科技竞争，只有注重创新能力的提高，顺利实现发展动力的转换，才能更好地参与全球经济的竞争。

当前中国正处在大有作为的重要战略机遇期。过去，中国经济增长以要素驱动为主，然而现在，新形势的挑战日益严峻：中国经济总量越来越大，但发展中的不平衡、不协调问题仍未彻底解决，人口、资源、环境都面临较大压力。因此，中国必须加快从要素驱动发展为主向创新驱动发展转变，发挥科技创新的支撑引领作用。

就实施创新驱动发展战略所面临的任务，习近平指出，"一方面要跟踪全球科技发展方向，力争缩小关键领域差距，形成比较优势；另一方面要坚持问题导向，通过创新突破我国发展的瓶颈制约。"

## 创新是系统工程

实施创新驱动发展战略，首先要抓好顶层设计。一方面要具有世界眼光，把握世界科技发展趋势；另一方面要考虑我国的科技发展现状设计应走的路径，将发展需要和现实能力、长远目标和近期工作结合起来。在具体操作上，要推动产学研结合和技术成果转化，强化对创新的激励和创新成果的应用。2015 年 12 月中央经济工作会议指出，坚持深入实施创新驱动发展战略，推进大众创业、万众创新，依靠改革创新加快新动能成长和传统动能改造提升。

实施创新驱动发展战略，还要注意到这是一项系统工程。"十三五"规划纲要指出，实施创新驱动发展战略要做好强化科技创新引领作用、推进大众创业万众创新、构建激励创新的体制机制、人才优先发展、拓展发展动力等方面的工作。

此外，在其他领域，创新驱动发展战略也具有重要的指导意义。2016 年 3 月，习近平在十二届全国人大四次会议解放军代表团全体会议上谈军队建设问题时，也强调了创新。他指出，"创新能力是一支军队的核心竞争力，也是生成和提高战斗力的加速器。攻克制约我军建设和改革的突出矛盾，需要以创新的思路办法攻坚破难。"另外，在文化建设、人才建设、制度建设等方面，都要发挥创新驱动发展战略的作用，这正是创新驱动发展更为全面的意义。

三、全面深化改革

# 国家治理现代化

## 实现长治久安　保障人民幸福

**国家治理现代化**

**提出时间：**
2013 年 11 月 12 日，出现在党的十八届三中全会公报中。

**提及次数：**
在习近平的公开讲话和文章中，提及超过 70 多次。

**产生影响：**
"推进国家治理体系和治理能力现代化"被列为全面深化改革的重要目标。

国家治理体系和治理能力现代化，自从 2013 年 11 月中共十八届三中全会公报提出以来，这一全新的政治理念，已逐步成为人们耳熟能详的概念。

在近现代史上，无数有识之士不断追问：中国如何实现长治久安，走向真正意义的现代化？本届中央给出的这个答案、作出的诸多探索，已然引起社会各界的广泛共鸣。

## 全面深化改革的重要目标

"全面深化改革的总目标是完善和发展中国特色社会主义制度，推进国家治理体系和治理能力现代化。"中共十八届三中全会公报将国家治理现代化摆到了很高的位置。

习近平总书记专门对此做过解释。他说，这是坚持和发展中国特色社会主义的必然要求，也是实现社会主义现代化的应有之义。他指出，推进国家治理体系和治理能力现代化，必须完整理解和把握全面深化改革的总目标，这是两句话组成的一个整体，即完善和发展中国特色社会主义制度、推进国家治理体系和治理能力现代化。我们的方向就是中国特色社会主义道路。

值得注意的是，习近平对国家治理现代化的问题非常重视。2014 年 2 月 17 日，在省部级主要领导干部学习贯彻十八届三中全会精神全面深化改革专题研讨班的开班式上，他主讲的就是这个话题。在中共中央政治局集体学习时，在纪念全国人民代表大会成立 60 周年大会、党的群团工作会议等多个重量级会议上，他都对这一概念进行了强调。而在出访德国、印度、美国等多个国家时，他还向海外专门做了介绍。

## 没有成熟经验可借鉴

"怎样治理社会主义社会这样全新的社会，在以往的世界社会主义中没有解决得很好。"习近平指出，我们党在全国执政以后，不断探索这个问题，虽然也发生了严重曲折，但在国家治理体系和治理能力上积累了丰富经验、取得了重大成果，改革开放以来的进展尤为显著。

事实上，自改革开放以来，我们党就开始以全新的角度思考国家治理体系问题。十八届三中全会决定进行全面深化改革，而不是推进一个或几个领域的改革，就是从总体角度进行的考虑。

没有成熟经验可借鉴，意味着既要从历史中找答案，也要在现实中去探索。

中国在不断从自身历史中寻找经验与智慧。中共中央政治局第十八次集体学习，主题就是"我国历史上的国家治理"。习近平在讲话中强调，怎样对待本国历史以及怎样对待本国传统文化，是任何国家在实现现代化过程中都必须解决好的问题。

而对于实践探索，习近平说，今天，摆在我们面前的一项重大历史任务，就是推动中国特色社会主义制度更加成熟更加定型，为党和国家事业发展、为人民幸福安康、为社会和谐稳定、为国家长治久安提供一整套更完备、更稳定、更管用的制度体系。

## 在不断改革中推进

在许多专家看来，对国家治理体系和治理能力现代化的追求，可以与中国人民长久以来持续追求现代化的历程联系起来。

清华大学政治学系主任张小劲教授就认为，这既是在新的历史条件下提出的新的历史任务，也是在新的历史起点上树立的新的发展目标。

完成这个任务、实现这个目标，仍然任重而道远。习近平强调说，相比我国经济社会发展要求，相比人民群众期待，相比当今世界日趋激烈的国际竞争，相比实现国家长治久安，我们在国家治理体系和治理能力方面还有许多不足，有许多亟待改进的地方。

如何完善？这两年，在制度建设上，在提高国家治理能力上，在干部队伍建设上，中国不断锐意进取。我们检索发现，在过去两年多全面深化改革和全面推进依法治国的实践中，中国领导人多次直接提及这些改革实践对实现国家治理现代化的重要意义。

归根结底，正如习近平所说，一个国家选择什么样的治理体系，是由这个国家的历史传承、文化传统、经济社会发展水平决定的，是由这个国家的人民决定的。

# 获 得 感

## 向往美好生活　共享改革成果

**获得感**

**提出时间：**

2015 年 2 月 27 日，
中央全面深化改革领导小组第十次
会议。

**提及次数：**

在习近平的公开讲话和文章中，
提及 10 余次。

**产生影响：**

成为改革成效的评价标准之一；
成为 2015 年度"十大流行语"。

推动各项政策落地、落细、落实，让民营企业真正从政策中增强获得感。3 月 4 日下午，中共中央总书记习近平看望参加全国政协会议的民建、工商联界委员时，又提到了"获得感"一词。"获得感"提出一年多来，被习近平在不同的场合多次提及，从一个接地气的新词成为改革成效的评价标准之一，也成为老百姓切实的感受。

## 改革成效的评价标准之一

2015 年 2 月 27 日，在中央全面深化改革领导小组第十次会议上，习近平总书记在公开场合第一次提到"获得感"。他强调，要处理好改革"最先一公里"和"最后一公里"的关系，突破"中梗阻"，防止不作为，把改革方案的含金量充分展示出来，让人民群众有更多获得感。

2015 年，习近平同党外人士座谈时强调，改革发展搞得成功不成功，最终的判断标准是人民是不是共同享受到了改革发展成果。2016 年 2 月，中央全面深化改革领导小组第二十一次会议进一步指出，把是否促进经济社会发展、是否给人民群众带来实实在在的获得感，作为改革成效的评价标准。

获得感作为改革成效的评价标准之一，与邓小平提出的"三个有利于"标准一脉相承，是在全面深化改革背景下的丰富和发展，也是对改革实践的新认识。

## 物质层面和精神层面的统一

让人民群众有更多的获得感，道出了群众的心声。

2016 年新年贺词中，习近平指出，经过全国各族人民共同努力，"十二五"规划圆满收官，广大人民群众有了更多获得感。

2010 年到 2015 年，全国居民人均可支配收入从 12520 元增加到 21966 元，年均实际增长 8.9%，快于同期国内生产总值增长。同时，居民收入差距呈缩小趋势。2010 年到 2015 年，全国居民收入基尼系数从 0.481 下降到 0.462。建立了统一的城乡居民基本养老保险制度。全民医保体系基本建立。这些都是群众切实感受到的获得感。

此外，获得感还来自精神层面，生活有尊严，每个人对梦想追求的接近，这个梦想就是"中国梦"。习近平在十八届中共中央政治局常委首次同中外记者见面时曾深情地说，人民对美好生活的向往，就是我们的奋斗目标。

## 通过改革在共建共享中实现

获得感怎么实现？

人世间的一切幸福都需要靠辛勤的劳动来创造。获得感既是改革的评价标准，也是改革的目的。改革、共建、共享与获得感的实现，紧紧联系在一起。

十八届五中全会提出，坚持共享发展，必须坚持发展为了人民、发展依靠人民、发展成果由人民共享，作出更有效的制度安排，使全体人民在共建共享发展中有更多获得感。习近平在2016年年初调研重庆时强调，在整个发展过程中，都要注重民生、保障民生、改善民生，让改革发展成果更多更公平惠及广大人民群众。

2014年，中央深改组确定的80个重点改革任务基本完成，有关部门完成108个改革任务，各方面共出台370条改革举措。2015年，各领域改革再提速，中央深改组确定的101个重点改革任务基本完成，中央有关部门完成153个改革任务，各方面共出台改革成果415条。十八大以来，改革一路攻坚克难，让群众享受到实实在在的改革成果。

# 全面深化改革

## 改革再出发　世界新机遇

**全面深化改革**

**提出时间：**

2012 年 11 月 8 日至 14 日，
中共十八大。

**提及次数：**

在习近平的公开讲话和文章中，
提及 400 余次。

**产生影响：**

对内增进了人民福祉，对外则扩
大与各国、各地区的利益汇合，
为世界带来发展机遇。

2016 年 3 月 5 日，中共中央总书记习近平在参加上海代表团审议时强调，着力加强全面深化改革开放各项措施系统集成。关于全面深化改革，自习近平就任总书记以来，公开提及已达 400 余次。

改革开放以来，中国破解了许多制约发展的重大难题，但是，改革走到今天，正如习近平所说："要解决我们面临的突出矛盾和问题，仅仅依靠单个领域、单个层次的改革难以奏效。"

中国需要一次改革再出发。

## 启动改革"升级版"

2012 年 11 月 8 日至 14 日，中共十八大对全面深化改革进行了战略部署。一年后，2013 年 11 月 9 日至 12 日，中共十八届三中全会召开，对全面深化改革进行了系统、全面的部署。全会审议通过了《中共中央关于全面深化改革若干重大问题的决定》（简称《决定》），确定了全面深化改革的顶层设计，开启了中国改革的"升级版"。

2014 年是全面深化改革的开局之年，"呈现出全面播种、次第开花的生动景象"。

2015 年是全面深化改革的关键之年，"改革呈现全面发力、纵深推进的良好态势"。

2016 年是全面深化改革具有关键意义的一年。1 月 11 日，习近平主持召开中央全面深化改革领导小组第二十次会议时指出："全面深化改革头 3 年是夯基垒台、立柱架梁的 3 年，今年要力争把改革的主体框架搭建起来。"

## 顶层设计＋差别化探索

《决定》明确提出，全面深化改革的总目标是完善和发展中国特色社会主义制度，推进国家治理体系和治理能力现代化。习近平强调，这是两句话组成的一个整体。前一句规定了根本方向，后一句规定了鲜明指向。"两句话都讲，才是完整的。"

改革范围包括经济、政治、文化、社会、生态文明、国防和军队 6 个方面。其中，经济体制改革是主轴；促进社会公平正义、增进人民福祉是出发点和落脚点。关于改革的方法，习近平一方面要求"加强顶层设计、整体谋划"，另一方面也强调"必须鼓励和允许不同地方进行差别化探索"。

## 扩大利益汇合

中国的全面深化改革，对内增进了人民福祉，对外则扩大与各国、各地区的利益汇合，为世界带来发展机遇。

在外交场合，习近平经常阐述中国全面深化改革与其他国家或地区的关联。如 2014 年 6 月 5 日，习近平在中阿合作论坛第六届部长级会议开幕式上说："我们为此作出全面深化改革的总体部署，着力点之一就是以更完善、更具活力的开放型经济体系，全方位、多层次发展国际合作，扩大同各国各地区的利益汇合、互利共赢。"

# 新 常 态

## 中国经济发展的大逻辑

### 新常态

**提出时间：**
2014 年 5 月，
在河南考察时。

**提及次数：**
在习近平的公开讲话和文章
中，提及 160 余次。

**产生影响：**
适应新常态、把握新常态、
引领新常态，是当前和今后
一个时期我国经济发展的大
逻辑。

"新常态既是挑战，也是机遇，关键看怎样认识和把握，认识到位、把握得好、工作得力，就能把挑战变成机遇。"3月4日，中共中央总书记、国家主席、中央军委主席习近平在民建工商联联组会上发表讲话，又一次提到了"新常态"。

十八大以来，在习近平的公开文章和讲话中，"新常态"被提及了160余次。为什么说新常态既是挑战，也是机遇？把挑战变为机遇具体应该怎么做？这些问题，在习近平的文章和讲话中，已经多次进行了阐释。

## 新常态下的"定"和"变"

2014年5月，习近平在考察河南的行程中，首次提及"新常态"。他说："中国发展仍处于重要战略机遇期，我们要增强信心，从当前中国经济发展的阶段性特征出发，适应新常态，保持战略上的平常心态。"

2015年7月在吉林调研时，习近平强调，适应和把握我国经济发展进入新常态的趋势性特征，保持战略定力，增强发展自信，坚持变中求新、变中求进、变中突破……

以发展的眼光来看，事物是常新常变的，中国经济也不例外。面对新常态下的中国经济，一方面求"定"，保持平常心和战略定力，以不变应万变，这是一种自信；另一方面求"变"，在变化中寻求创新、进步和突破，以万变应万变，这是一种智慧。

求"定"，是因为认识到新常态"是我国经济发展阶段性特征的必然反映，是不以人的意志为转移的"，是"一个客观状态"和"一种内在必然性"，所以我们要适应。求"变"，是因为"在新常态下，我国发展的环境、条件、任务、要求等都发生了新的变化"，所以"我们要因势而谋、因势而动、因势而进"。

## 新常态带来新机遇

在新常态提出 6 个月后，习近平在 2014 年亚太经合组织工商领导人峰会开幕式上发表演讲，首次系统阐述了新常态。

他说："中国经济呈现出新常态，有几个主要特点。一是从高速增长转为中高速增长。二是经济结构不断优化升级，第三产业、消费需求逐步成为主体，城乡区域差距逐步缩小，居民收入占比上升，发展成果惠及更广大民众。三是从要素驱动、投资驱动转向创新驱动。新常态将给中国带来新的发展机遇。"

增速虽然放缓，但由于中国经济体量大，对世界经济的拉动作用不会降低。国家统计局数据显示，2015 年中国国内生产总值同比增长 6.9%。在世界范围内，这一增速依然名列前茅，对世界经济增长的贡献仍在 25% 以上。

而不论是结构优化还是动力转化，都离不开"供给侧结构性改革"。2016 年的政府工作报告共有 23 次谈到结构改革，包括供给侧改革、调结构等，62 次谈到创新。供给侧改革要求清理"僵尸企业"，淘汰落后产能，将发展方向锁定新兴领域、创新领域，创造新的经济增长点，这与"大众创业、万众创新"的"双创"战略相吻合。显然，它们都会带来很多新机遇。

## 新常态需要改革

伴随着新常态而来的，还有新矛盾新问题。"能不能适应新常态，关键在于全面深化改革的力度。"习近平说。

中共十八届三中全会就全面深化改革作出总体部署，涉及 15 个领域、330 多项重大改革举措。其中，经济体制改革是重点，促进社会公平正义、增进人民福祉是出发点和落脚点。

"周虽旧邦，其命维新。"现在的中国，改革已进入攻坚期和深水区，但只有"改革是推动发展的制胜法宝"。习近平曾坚定地表态："开弓没有回头箭，我们将坚定不移把改革事业推向深入。"

在包括全面深化改革在内的"四个全面"战略布局下，中共十八届五中全会提出了创新、协调、绿色、开放、共享的五大发展理念，这正是"针对我国经济发展进入新常态、世界经济复苏低迷开出的药方"。而无论是推进全面深化改革，还是践行五大发展理念，都是一个长期的过程。正如习近平所说："适应新常态、把握新常态、引领新常态，是当前和今后一个时期我国经济发展的大逻辑。"

# 供给侧结构性改革

## 引领新常态的大布局

供给侧结构性改革

**提出时间：**
2015 年 11 月，
中央财经领导小组会议。

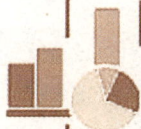

**提及次数：**
在习近平的公开讲话和文章中，
提及 10 余次。

**产生影响：**
是应对深层结构性矛盾的长久
药方；是新常态下中国改革的
重要抓手。

2015 年 11 月，中央财经领导小组会议上，习近平提出，要"在适度扩大总需求的同时，着力加强供给侧结构性改革"；在 G20 峰会、APEC 会议上，习近平则将"重视供给端和需求端协同发力"作为世界经济的"药方"；同期的国务院常务会议同样强调，要"培育形成新供给新动力扩大内需"。

从那时起，供给侧结构性改革开始成为一个高频词。

## 供给侧结构性改革是什么

据不完全统计，习近平至少在十余个场合提到过供给侧结构性改革。

在中央经济工作会议、省部级干部专题研讨班、中央政治局会议、中央政治局集体学习、政府工作报告、领导人调研考察等多个场合，这个词也高频出现。

那么，究竟什么是供给侧结构性改革？

显然，与"供给侧"对应的就是"需求侧"。在传统的需求管理思路中，拉动经济增长的方式主要是加大投资、刺激消费和拉动出口，而从供给侧来看，则认为经济增长的动力在于在供给和生产端做文章，通过解放生产力、提升产业竞争力来"提质增效"。

供给侧结构性改革并非应急之举，而是应对深层结构性矛盾的长久药方。用习近平的话说，推进结构性改革特别是供给侧结构性改革，是"十三五"的一个发展战略重点。

## 解决结构性矛盾

供给侧结构性改革，关键词有两个：一是供给侧，二是结构性。从供给侧看，中国目前的供给，面临着产能过剩、效率低下、档次不高、竞争力不强等问题。

2016 年 3 月 13 日，商务部部长高虎城在接受采访时表示，随着中国中高收入阶层的形成，个性化、品牌化、差异化的消费需求越来越强烈。2015 年，中国人在境外消费刷卡达到 900 亿元，这些消费大多花在高档产品、医疗、教育等方面。

是中国生产不出来这些产品吗？这其中有能力问题，也有思路原因。作为制造业大国，中国在一些引领世界的新兴产业、尖端科技方面有所欠缺；在思路方面，以往大多是一窝蜂式的排浪式发展，造就了今天如煤炭、钢铁等领域的严重过剩，同时生产资源和产品分布不均衡，在中西部、农村及基础公益等领域则存在巨大欠缺。

这就是当前中国经济存在的最深层的结构性矛盾。要解决这种矛盾，需要在供给侧和需求侧同时发力。

习近平指出，供给侧结构性改革的根本目的是提高社会生产力水平，落实好以人民为中心的发展思想。要在适度扩大总需求的同时，去产能、去库存、去杠杆、降成本、补短板，从生产领域加强优质供给，减少无效供给，扩大有效供给，提高供给结构适应性和灵活性，提高全要素生产率，使供给体系更好适应需求结构变化。

## 五大政策支柱

中央经济工作会议指出，2016年，供给侧结构性改革要在五个层面做文章：去产能、去库存、去杠杆、降成本、补短板。

2016年3月8日，在参加十二届全国人大四次会议湖南代表团审议时，习近平指出，推进供给侧结构性改革，是一场硬仗。要把握好"加法"和"减法"、当前和长远、力度和节奏、主要矛盾和次要矛盾、政府和市场的关系。

具体怎么做？中央经济工作会议上，习近平指出，要在适度扩大总需求的同时，着力加强供给侧结构性改革，实施相互配合的五大政策支柱：宏观政策要稳，就是要为结构性改革营造稳定的宏观经济环境；产业政策要准，就是要准确定位结构性改革方向；微观政策要活，就是要完善市场环境、激发企业活力和消费者潜力；改革政策要实，就是要加大力度推动改革落地；社会政策要托底，就是要守住民生底线。

2016年1月，在重庆调研时，习近平说，要加大供给侧结构性改革力度，重点是促进产能过剩有效化解，促进产业优化重组，降低企业成本，发展战略性新兴产业和现代服务业，增加公共产品和服务供给，着力提高供给体系质量和效益，更好满足人民需要，推动我国社会生产力水平实现整体跃升，增强经济持续增长动力。

# 发展网信事业

## 以人民为中心　让百姓用得好

**网信事业**

**提出时间：**
2016 年 4 月 19 日，
网络安全和信息化工作座谈会。

**提及次数：**
在习近平的公开讲话和文章中，
与网信相关词汇频率超过 400 次。

**产生影响：**
对内，让亿万人民在共享互联
网发展成果上有更多获得感；对
外，为国际互联网治理提出中国
方案。

目前，《网络安全法草案（二次审议稿）》正在公开征求意见，截止日期是 2016 年 8 月 4 日。该草案受到海外普遍关注。但有外媒将其错误地解读为：中国准备设立互联网开关，必要时可能关闭互联网。

其实，对于类似论调，在 2016 年 4 月 19 日举行的网络安全和信息化工作座谈会上，习近平总书记已经给出了明确答复："现在，有一种观点认为，互联网很复杂、很难治理，不如一封了之、一关了之。这种说法是不正确的，也不是解决问题的办法。中国开放的大门不能关上，也不会关上。"

更重要的是，中国对互联网绝不仅仅是管理，还强调建设、发展和运用，同时重视参与国际互联网治理。据统计，在习近平的公开讲话和文章中，与网信相关的词汇出现频率超过 400 次，足见习近平对网信事业的重视程度。

## 以人民为中心，适应人民期待

中国互联网络信息中心统计数据显示，截至 2015 年 12 月，中国网民规模接近 7 亿，互联网普及率达到 50.3%。对于中国互联网的发展速度，法国《回声报》以"让人目瞪口呆"来形容。

"我国有 7 亿网民，这是一个了不起的数字，也是一个了不起的成就。"习近平说。面对如此庞大的网民群体与宏大的网信事业，中国的发展思路是什么？

习近平给出的答案是：以人民为中心。在网络安全和信息化工作座谈会上，习近平说，要适应人民期待和需求，加快信息化服务普及，降低应用成本，为老百姓提供用得上、用得起、用得好的信息服务，让亿万人民在共享互联网发展成果上有更多获得感。

中国社会科学院法学研究所副研究员支振锋认为，以人民为中心，是习近平总书记对中国互联网发展提出的根本要求。

## 领导干部触网，回应网民关切

在全民拥抱互联网的同时，有一部分人却患上了"网络恐惧症"。有调查显示，相当大比例的领导干部视网络为洪水猛兽，唯恐祸从口出、避之不及。

可是，民意上网了，领导干部不触网，如何了解民意、联系群众呢？因此，习近平要求，各级党政机关和领导干部要学会通过网络走群众路线，经常上网看看，潜潜水、聊聊天、发发声，了解群众所思所愿，收集好想法好建议，积极回应网民关切、解疑释惑。"善于运用网络了解民意、开展工作，是新形势下领导干部做好工作的基本功。各级干部特别是领导干部一定要不断提高这项本领。"习近平说。

领导干部不但要经常上网，还要以正确的心态上网。习近平指出，对网上那些出于善意的批评，对互联网监督，不论是对党和政府工作提的还是对领导干部个人提的，不论是和风细雨的还是忠言逆耳的，我们不仅要欢迎，而且要认真研究和吸取。

## 掌握核心技术，由跟跑变领跑

中国互联网起步晚，但发展很快，在世界互联网企业前 10 强中，中国已占据 4 席，这令世界刮目相看。不过，中国互联网发展也存在短板。习近平说，"互联网核心技术是我们最大的'命门'，核心技术受制于人是我们最大的隐患。"

什么是核心技术？习近平认为，一是基础技术、通用技术；二是非对称技术、"杀手锏"技术；三是前沿技术、颠覆性技术。"在这些领域，我们同国外处在同一条起跑线上，如果能够超前部署、集中攻关，很有可能实现从跟跑并跑到并跑领跑的转变。"习近平说。

中国如何超前部署、集中攻关？习近平认为，第一，正确处理开放和自主的关系。必须靠自己研发、自己发展；但不是关起门来搞研发，一定要坚持开放创新，"只有跟高手过招才知道差距"。第二，在科研投入上集中力量办大事。"要围绕国家亟需突破的核心技术，把拳头攥紧，坚持不懈做下去。"第三，积极推动核心技术成果转化。第四，推动强强联合、协同攻关。

## 提出中国方案，参与国际治理

"我们应该坚持尊重网络主权，尊重各国自主选择网络发展道路、网络管理模式、互联网公共政策和平等参与国际网络空间治理的权利。"2015 年 12 月 16 日，在第二届世界互联网大会开幕式上，习近平发表的主旨演讲，被海内外称为国际互联网治理的中国方案。

尊重网络主权，这是习近平提出的国际互联网治理"四项原则"的第一项，其他三项原则是：维护和平安全；促进开放合作；构建良好秩序。

支振锋认为，尊重网络主权是首要原则，是中国向国际互联网治理体系贡献的一个重要概念，非常具有针对性，意义十分重大。

在"四项原则"的基础上，习近平还提出了共同构建网络空间命运共同体的"五点主张"：加快全球网络基础设施建设，促进互联互通；打造网上文化交流共享平台，促进交流互鉴；推动网络经济创新发展，促进共同繁荣；保障网络安全，促进有序发展；构建互联网治理体系，促进公平正义。

"'五点主张'，充分体现了中国的道义和担当。"支振锋说。

# 新形势下的强军目标

## 开启强军梦新征程

### 新形势下的强军目标

**提出时间：**

2013 年 3 月 11 日，在十二届全国人大一次会议解放军代表团全体会议上。

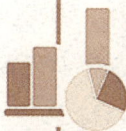

**提及次数：**

在习近平的公开讲话和文章中，提及 100 余次。

**产生影响：**

为新形势下加强国防和军队建设提供了根本遵循，指明了前进方向。

2016 年 3 月 23 日，中共中央总书记、国家主席、中央军委主席习近平在视察国防大学时强调，要紧紧围绕实现党在新形势下的强军目标……积极推进院校改革创新，不断提高办学育人水平，为实现中国梦强军梦提供有力的人才和智力支持。

3 年前，习近平在十二届全国人大一次会议解放军代表团全体会议上提出：建设一支听党指挥、能打胜仗、作风优良的人民军队，是党在新形势下的强军目标。据不完全统计，3 年来，在习近平公开讲话和文章当中，提及强军目标 100 多次。党在新形势下的强军目标为加强国防和军队建设提供了根本遵循。

## 政治建军　铸牢军魂

求木之长者，必固其根本。2014 年 10 月，全军政治工作会议在我军政治工作的发源地——古田召开。在这场具有里程碑意义的会议中，习近平总书记指出，"坚持党对军队绝对领导是强军之魂，铸牢军魂是我军政治工作的核心任务，任何时候都不能动摇。"自此，党从思想上、政治上建设和掌握军队迎来新起点。

事实上，全军政治工作会议的召开不仅让全军回顾历史，对"我们从哪里来"这个问题有了更加清晰的认识，也更加明确了"我们向哪里去"的目标。此后，全军上下迅速行动起来，开展了全军高级干部学习贯彻全军政治工作会议精神研讨班、"新一代革命军人样子"大讨论等活动，政治建军的方略在军队建设的各个领域落地生根、开花结果。

## 改革强军　锐意进取

不日新者必日退。2015年11月，习近平总书记在中央军委改革工作会议上发出了打赢深化国防和军队改革攻坚战的动员令：全面实施改革强军战略，坚定不移走中国特色强军之路。

随后，一系列改革大动作相继展开。2015年12月31日，陆军领导机构、火箭军、战略支援部队成立；2016年1月11日，调整组建后的军委机关15个职能部门首次集体亮相；2016年2月1日，五大战区成立，"军委管总、战区主战、军种主建"的新格局初步形成。

2016年3月24日，中央军委办公厅印发意见，主要关注两项教育：一是改革强军专题教育活动，二是"两学一做"学习教育。随着一系列重大改革部署的实施，"能打胜仗"成为全军的价值追求。

## 依法治军　严肃军纪

严治之军，所向披靡；无治之兵，百万无益。实现新形势下的强军目标，作风优良是保证。依法治军、严肃军纪一直是军队管理的主线之一。

　　2013 年 10 月，中央军委在军队建立巡视制度、设置巡视机构、开展巡视工作。2014 年 10 月，党的十八届四中全会把依法治军、从严治军写入全会决定，纳入依法治国总体布局。2015 年 2 月，中央军委印发《关于新形势下深入推进依法治军从严治军的决定》，人民军队法治化建设进入"快车道"。军中"打虎拍蝇"动真格，净化了肌体，提高了战斗力。

　　全军严格贯彻党中央、中央军委和习主席的决策指示，并努力把转变作风落到实处。如今，军以上机关行政消耗性开支同比下降 50% 以上，军中公款消费无处遁形，"训为看、演为看"的假把式也不见了，依法治军取得显著成效。

# "四有"军人

## 铸魂育人　强军兴军

### "四有"军人

**提出时间：**

2014 年 10 月 31 日，
古田全军政治工作会议。

**提及次数：**

在习近平的公开讲话和文章中，
提及多次。

**产生影响：**

把握新形势下铸魂育人的特点和
规律，为培养堪当强军重任的新
一代革命军人提供了根本遵循。

中共十八大以来，着眼于实现中华民族伟大复兴的中国梦，中共中央引领人民军队开启了强军兴军的新的伟大征程。着力培养有灵魂、有本事、有血性、有品德的新一代革命军人——在古田全军政治工作会议上，中共中央总书记、国家主席、中央军委主席习近平明确提出新形势下培养革命军人的总要求，为实现强军目标确立了坚实基础，凝聚起强大正能量。

## 适应新时期强军目标

治军之道，要在得人。新时期应当培养什么样的军人，才能担负起强军重任？习近平对此深谋远虑。

2013年年底军队一次重要会议上，习近平强调，实现强军目标，必须要有一大批高素质、敢担当的建军治军骨干。"总结我军历史和现实需要，我想，'军队的样子'，就是要坚决听党指挥，要能打仗、打胜仗，要保持光荣传统和优良作风……这就像一个人一样，要有灵魂、有本事、有品德，这样才能行得正、走得远。"

2014年10月31日，习近平在古田全军政治工作会议上提出培养"四有"军人的明确要求。2014年12月30日，中共中央向全党全军转发《关于新形势下军队政治工作若干问题的决定》。这份由习近平亲自领导和主持起草形成的重要文件，要求全军必须把坚定官兵理想信念作为固本培元、凝魂聚气的战略工程，努力培养有灵魂、有本事、有血性、有品德的新一代革命军人。

## 阐释"四有"深刻内涵

"有灵魂就是要信念坚定、听党指挥，有本事就是要素质过硬、能打胜仗，有血性就是要英勇顽强、不怕牺牲，有品德就是要情趣高尚、品行端正。"在古田全军政治工作会议上，习近平对"四有"新一代革命军人的内涵进行了深刻阐述。这4个"有"紧密联系内在统一，塑造了有血有肉、顶天立地的新一代革命军人形象。

灵魂是人的根本，军人有了灵魂，才能坚决听党指挥。"绝对忠诚、绝对纯洁、绝对可靠"，这是习近平对军人的政治要求。"对党绝对忠诚要害在'绝对'两个字，就是唯一的、彻底的、无条件的、不掺任何杂质的、没有任何水分的忠诚。""必须坚持用这样的标准要求自己，自觉做到党叫干啥就干啥，党不允许干什么就坚决不干。"

本事是战斗力的体现，也是军人的价值所在。"召之即来、来之能战、战之必胜"，这是新一代革命军人必备的素质本领。从视察总部机关到看望基层连队，习近平始终将能打仗、打胜仗作为对三军将士的核心能力要求。

血性是军人的本性，是打胜仗的底气。习近平多次强调，和平环境，决不能把兵带娇了，威武之师还得威武，军人还得有血性，一不怕苦、二不怕死的战斗精神决不能丢。"战士的决心早已溶进枪膛里，为了祖国不惜血染战旗。"在第 14 集团军机关，习近平谈起 19 岁的烈士王建川在战场上写给母亲的诗，由衷地称赞："这就是军人的血性！"

品德是为人的基础，是孕育优良作风的源泉。习近平高度重视培养军人的道德情操，要求充分发挥优秀文化教化人、培育人的作用，塑造中国心、民族魂，助推中国梦、强军梦的实现。

## 全军争做"四有"军人

自古田全军政治工作会议以来，全军各级把培养"四有"新一代革命军人作为重大战略任务。2015 年 6 月，总政治部组织编印《习近平关于培养"四有"新一代革命军人重要论述摘编》，印发全军连以上单位。广大官兵对"四有"标准理解越来越深刻，践行越来越自觉，全军上下掀起争做"四有"新一代革命军人的热潮。

372 潜艇英雄群体、兵棋专家张国春、"铁甲尖兵"郭峰、舍身救人潜水员官东……一大批有灵魂、有本事、有血性、有品德的先进典型不断涌现。从紧急驰援尼泊尔地震灾区到坚持奋战在抗击埃博拉疫情最前沿，新一代中国军人的光辉形象也越来越多地呈现在世界面前。

四、全面依法治国

# 全面依法治国

## 让法治为中国梦护航

**全面依法治国**

**提出时间：**
2012 年 11 月，
党的十八大。

**提及次数：**
在习近平的公开讲话和文章中，
提及 200 余次。

**产生影响：**
全面依法治国与全面深化改革、
全面从严治党，作为三大战略
举措，共同服务于全面建成小
康社会这一战略目标。

在习近平总书记自中共十八大以来的历次公开讲话与文章中，据不完全统计，"全面依法治国"及全面推进依法治国等词提到超过 200 次。

治天下者，善谋大势；决胜负者，长于布局。在"四个全面"中，全面依法治国与全面深化改革、全面从严治党，作为三大战略举措，共同服务于全面建成小康社会这一战略目标。

## 书写法治史新篇章

从"任何人都没有法律之外的绝对权力"到"凡属重大改革都要于法有据"，从"努力让人民群众在每一个司法案件中都感受到公平正义"到"法律的生命力在于实施，法律的权威也在于实施"，十八大以来到十八届四中全会召开前，习近平在多次讲话、考察中从不同领域、不同层次阐述全面依法治国，形成了丰富的理论积累。

2014 年 10 月，党的十八届四中全会召开，集理论和实践之大成，专题研讨依法治国问题。全会通过的《中共中央关于全面推进依法治国若干重大问题的决定》也是党的历史上第一个关于加强法治建设的决定。自此，依法治国按下了"快进键"，法治中国建设进入了"快车道"。现如今，十八届四中全会分解确定的 190 项任务，许多工作都正在稳步推进之中。

作为治国之重器，全面依法治国书写了法治史的新篇章，开启了中国特色社会主义的新征程。

从防止领导干部干预司法活动、插手具体案件处理的规定到最高法巡回法庭在地方的挂牌，司法改革日益深化；从取消下放行政审批事项到推行地方各级政府工作部门权力清单制度，依法行政步伐加快；从立法法的修订到慈善法的出台，立法工作亮点频出……十八届四中全会以来，党和国家建设的方方面面，在前所未有的广度和深度上，都在向着制度化法律化不断推进。

## 放在"四个全面"战略布局中来把握

"奉法者强则国强，奉法者弱则国弱。"2014 年 10 月 23 日，习近平在十八届四中全会第二次全体会议上强调，"全面推进依法治国，是着眼于实现中华民族伟大复兴中国梦、实现党和国家长治久安的长远考虑。对全面推进依法治国作出部署，既是立足于解决我国改革发展稳定中的矛盾和问题的现实考量，也是着眼于长远的战略谋划。"

若要准确理解全面依法治国，还要在"四个全面"战略布局中来进行把握。在"四个全面"提出后不久，习近平在省部级主要领导干部学习贯彻十八届四中全会精神全面推进依法治国专题研讨班开班式上指出，"全面建成小康社会是我们的战略目标，全面深化改革、全面依法治国、全面从严治党是三大战略举措。"

从这个战略布局看，做好全面依法治国各项工作意义十分重大。没有全面依法治国，就治不好国、理不好政，"四个全面"战略布局就会落空。习近平特别强调，"要把全面依法治国放在'四个全面'的战略布局中来把握，深刻认识全面依法治国同其他三个'全面'的关系，努力做到'四个全面'相辅相成、相互促进、相得益彰。"

## 必须抓住领导干部这个"关键少数"

"火车跑得快，全靠车头带。"全面依法治国蓝图已经绘就，关键要靠落实，在落实推进的过程中，干部是决定因素。

习近平在多个场合指出领导干部在全面依法治国中的作用，"各级领导干部在推进依法治国方面肩负着重要责任""各级领导干部的信念、决心、行动，对全面推进依法治国具有十分重要的意义"……

作为法治建设的"责任人"，作为党的执政权和国家立法权、行政权、司法权的"执行人"，领导干部在全面推进依法治国中举足轻重，需要带领人民群众把各项部署落到实处。然而，领导干部既可以起到关键推动作用，也可能起到致命破坏作用。因此，领导干部必须牢记法律红线不可逾越、法律底线不可触碰。

2015 年 2 月，习近平在省部级主要领导干部全面推进依法治国专题研讨班开班式上强调，"全面依法治国必须抓住领导干部这个'关键少数'。"习近平还明确提出，领导干部要做尊法学法守法用法的模范，带动全党全国一起努力，在建设中国特色社会主义法治体系、建设社会主义法治国家上不断见到新成效。

# 尊 法

## 形成共同追求　筑牢法治根基

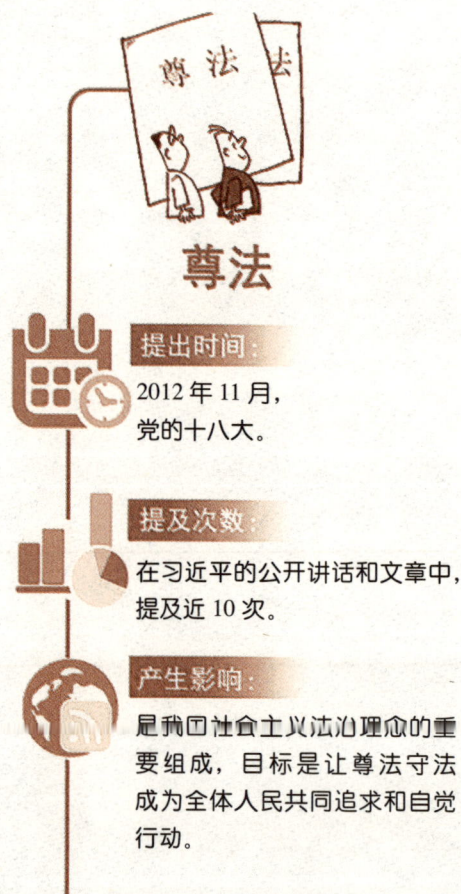

尊法

### 尊法

**提出时间：**

2012 年 11 月，
党的十八大。

**提及次数：**

在习近平的公开讲话和文章中，
提及近 10 次。

**产生影响：**

是我国社会主义法治理念的重
要组成，目标是让尊法守法
成为全体人民共同追求和自觉
行动。

自中共十八大以来，随着全面依法治国的深入推进，法治观念更加深入人心。推进法治建设，其中首要的一环就是树立"尊法"意识。据不完全统计，在习近平总书记的公开讲话与文章中，"尊法"一词已经出现过近 10 次。

## 从"遵法"到"尊法"

法律，是一个社会中最重要的规则与规范。要建设一个有序的社会，法律是必不可少、极其重要的。所以"遵法"是一个有序社会中，对公民的基本要求。然而，"遵"字意为顺着、遵从，在全面推进依法治国的新时期，仅仅是被动遵从法律已远远不够了，还需要全体人民真正树立起法治意识、学会运用法治思维，从内心尊重、敬畏法律。可以说，从"遵法"到"尊法"，一字之别，实际上是中国社会法治理念的一大进步。

所以，2012 年 11 月，中共十八大报告在阐述依法治国时提出的是："树立社会主义法治理念，增强全社会学法尊法守法用法意识。"2014 年 10 月，中共十八届四中全会通过的《中共中央关于全面推进依法治国若干重大问题的决定》指出，要"使尊法守法成为全体人民共同追求和自觉行动"。

该如何理解"尊法"的内涵？首先，要学法、懂法。这是基础。只有了解法律制度，才能具有底线意识，明确"可为"与"不可为"之间的界限，在行为上做到遵从法律。其次，要相信法律。

法律是一种社会共识，任何一部现行法律都非尽善尽美，但都是旨在最大程度地维护社会公平正义。最后，要敬畏法律、尊崇法律。就是在全社会中形成尊法、尚法的风气，将法律时刻铭记于心。这是更高的层次。

## 增强法治观念

什么样的社会环境才是我们要追求的法治社会？社会氛围上，办事依法、遇事找法、解决问题用法、化解矛盾靠法；社会机制上，有完善的守法诚信褒奖机制和违法行为惩戒机制；人民的共同追求和自觉行动上，能够做到尊法、信法、守法。

而实现这些，首要便是在思想上做到尊法。因为思想是行动的先导，思想是本、行动是形，本正则形立。只有在思想上有尊法的意识，才能在行动中践行法律的要求。现实生活中，无论普通百姓还是领导干部，都还存在无视法律、我行我素的现象，明明知道"不应该"，却还以身试法、知法犯法。凡此种种，显示出不断增强全民法治观念、树立社会尊法氛围的重要性。正所谓"法律必须被信仰，否则将形同虚设"。

树立尊法意识，让尊法成为社会共识，是从根本上筑牢法治的根基。而一旦尊法成为社会习惯，维护社会法律体系运转的成本就会大大降低，秉公执法者会更受尊敬，违法者会遭到唾弃，从而建立起一个更健康的社会环境。

## 如何实现尊法

树立尊法意识，首先需要领导干部率先垂范。习近平在讲话中多次指出，全面依法治国必须抓住领导干部这个"关键少数"。在尊法意识的树立上，也同样是"风成于上，俗化于下"。2016年1月，习近平在中央全面深化改革领导小组第二十次会议上就强调，各级领导干部要做尊法学法守法用法的模范，带头学习宪法和法律，带头厉行法治、依法办事。

树立尊法意识，还需要在全社会加强法治教育。不只是专业从事司法工作的人需要懂法，全民都应该有一定的基本法律素养。中共十八届四中全会《决定》提出，要"把法治教育纳入国民教育体系，从青少年抓起，在中小学设立法治知识课程"。通过向全社会普及法律知识，特别是加强对青少年的法治教育，是在全社会树立尊法意识的根本之举。

树立尊法意识，还需要不断完善法律制度、维护法律尊严，特别是在基层做好执法、司法工作。出现一例司法不公的案件，就会伤害一大批民众对法律的信任感，执法部门的整体公信力就会受到损害。只有严格执法、公正司法，让违法者受到惩罚，让守法者得到保护，才能真正让法治精神深入人心，让尊法成为人民的共同追求。

# 宪法宣誓

## 维护宪法权威　捍卫宪法尊严

**宪法宣誓**

**提出时间：**

2014 年 10 月，
中共十八届四中全会。

**提及次数：**

习近平在《关于〈中共中央关于全面推进依法治国若干重大问题的决定〉的说明》中进行了详细阐述。

**产生影响：**

彰显宪法权威，增强公职人员宪法观念，激励公职人员忠于和维护宪法，在全社会增强宪法意识、树立宪法权威。

"我宣誓：忠于中华人民共和国宪法，维护宪法权威，履行法定职责，忠于祖国、忠于人民，恪尽职守、廉洁奉公，接受人民监督，为建设富强、民主、文明、和谐的社会主义国家努力奋斗！"2016年2月26日，十二届全国人大常委会在人民大会堂首次举行宪法宣誓仪式。宣誓台前，领誓人左手抚按宪法、右手举拳，在国徽下庄严宣读誓词。

　　短短70字的誓词背后，显示出中共对宪法的高度尊重和对法治的坚定信仰。从2014年首次提出，到2015年以国家立法形式确立，再到2016年正式实行，宪法宣誓制度正从文件走入公众视野，成为中国政治生活的重要内容，彰显出法治的力量。

## 法治精神的生动表达

　　2014年10月，中共十八届四中全会提出建立宪法宣誓制度。2015年7月，这一制度经全国人大常委会表决通过，规定包括国家主席、国务院总理在内的经人大及其常委会选举或者决定任命的国家工作人员，正式就职时公开向宪法宣誓。

　　为何要建立宪法宣誓制度？习近平在《关于〈中共中央关于全面推进依法治国若干重大问题的决定〉的说明》中指出，宪法宣誓制度是世界上大多数有成文宪法的国家所采取的一种制度。在142个有成文宪法的国家中，规定相关国家公职人员必须宣誓拥护或效忠宪法的有97个。这样做，有利于彰显宪法权威，增强公职人员宪法观念，激励公职人员忠于和维护宪法，也有利于在全社会增强宪法意识、树立宪法权威。

可以说，宪法宣誓提醒了宣誓人3个最基本的问题：为了谁、依靠谁、我是谁，以时刻铭记自己的权力来自人民。同时，宣誓也是一种庄重承诺：誓言接受公众监督，违反誓言要被追究责任。

从新任省长到入额检察官、新录用公务员……手持宪法面对国徽宣誓——这一庄严的场景，越来越多地出现在大众面前，成为弘扬法治精神的生动表达。

## 宪法伟力出自真诚信仰

"宪法是一张写着人民权利的纸。"作为国家的根本大法，宪法是国家机构产生的合法性来源，也是中国特色社会主义法律体系的核心和基础。宪法宣誓制度建立的背后，是宪法在中国政治生活中地位的进一步凸显。

就宪法地位、宪法实施、宪法监督、宪法学习等问题，习近平多次作出重要论述。

2014年11月，十二届全国人大常委会第十一次会议决定，将12月4日设立为国家宪法日。2014年12月3日，在首个国家宪法日到来之际，习近平作出重要指示强调，宪法是国家的根本法，坚持依法治国首先要坚持依宪治国，坚持依法执政首先要坚持依宪执政。

"宪法的根基在于人民发自内心的拥护，宪法的伟力在于人民出自真诚的信仰。"2012年12月4日，习近平在首都各界纪念现行宪法公布施行30周年大会上讲话指出，只要切实尊重和有效实施宪法，人民当家作主就有保证，党和国家事业就能顺利发展。

2015年2月2日，习近平在省部级主要领导干部学习贯彻十八届四中全会精神全面推进依法治国专题研讨班开班式上发表重要讲话强调，领导干部要系统学习中国特色社会主义法治理论，准确把握我们党处理法治问题的基本立场。首要的是学习宪法。

## 让宪法更有尊严更有力量

除了建立宪法宣誓制度，中共十八届四中全会以来，宪法的实施和监督工作不断加强，维护了宪法的权威和尊严。

2015年，30多名中管干部被立案审查，40多名中管干部因严重违纪被开除党籍，反腐败保持高压态势不放松，充分证明任何党的组织和个人都没有超越宪法法律和党纪的特权。

在"七五"（2016—2020年）普法宣传教育中，宪法宣传教育居于首要位置。由宪法确立的我国国体、政体、基本政治制度、基本经济制度、公民的基本权利和义务等内容，将成为学习宣传的重点。同时，国家工作人员将在宪法宣誓前专题学习宪法。

2016 年 1 月，中央全面深化改革领导小组审议通过《关于完善国家工作人员学法用法制度的意见》，提出坚持把学习宪法放在首位，自觉遵守宪法，维护宪法实施。

"国家宪法日"设立 1 年多来，各地各部门用多种多样的活动宣传，普及宪法知识，让民众亲身触摸宪法、感悟宪法，把宪法精神浸润社会生活的方方面面……

不可否认的是，目前我国宪法实施的监督机制和具体制度还不够健全，一些领导干部依然存在宪法意识薄弱的问题。解决这一问题，需要进一步学习了解宪法，更加尊崇和敬畏宪法。建立宪法宣誓制度，实行宪法宣誓，正是一个有力抓手，有利于促进宪法实施，让宪法更有尊严和力量。

五、全面从严治党

# 踏石留印　抓铁有痕

## 彰显坚定决心　凝聚实干力量

踏石留印　抓铁有痕

**提出时间：**

2013 年 1 月 22 日，中国共产党第十八届中央纪律检查委员会第二次全体会议。

**提及次数**

在习近平的公开讲话和文章中，提及约 10 次。

**产生影响：**

主要针对全面从严治党和全面深化改革两大任务，表达了动真格、见成效的态度，凝聚了真抓实干、攻坚克难的强大力量。

"踏石留印、抓铁有痕",强调的是针对困难任务,要动真格、见成效。习近平总书记提及这一关键词的场合,主要是针对两项工作:一是全面从严治党,二是全面深化改革。

正是在这一要求下,全面从严治党举措不断,党风政风为之一新;全面深化改革持续推进,走进了"全面推进结构性改革的攻坚之年"。

## "石""铁"难磨,必须迎难而上

"踏石留印、抓铁有痕"这一句话,包含着两个层面的意思:一是要面对的任务有较大难度;二是当困难出现时,只有迎难而上、真抓实干,才能兑现承诺、见到成效。

在党和国家的各项工作中,全面从严治党和全面深化改革就像是"石"与"铁"一样,推进起来有困难之处,是不那么容易做好的。

针对全面从严治党,习近平说:"党风廉政建设和反腐败斗争是一项长期的、复杂的、艰巨的任务。"虽然我们已经在党风建设上取得了很多成效,但习近平多次表示,这些成效是阶段性的,当前党风廉政建设和反腐败斗争形势依然严峻复杂。

而"头绪多,任务重"则是全面深化改革的特点,更是难点。在 2013 年 11 月关于《中共中央关于全面深化改革若干重大问题的决定》的说明中,习近平指出"我国发展面临一系列突出矛盾和挑战，前进道路上还有不少困难和问题"，而"解决这些问题，关键在于深化改革"。

所以，面对这样两项任务，只有痛下决心、增强信心，真抓实干、常抓不懈，才能见到成效。也就是要在"石"上留下足印，在"铁"上抓出痕迹。强调"踏石留印、抓铁有痕"，实际上就是提醒全党同志：全面从严治党需要警钟长鸣，做到经常抓、长期抓；全面深化改革需要攻坚克难、爬坡过坎，必须有那么一股气儿和劲儿。

## 管党治党，显示从严决心

党风廉政建设和反腐败斗争，是全面从严治党的两个重要方面。

针对作风问题，习近平强调："工作作风上的问题绝对不是小事，如果不坚决纠正不良风气，任其发展下去，就会像一座无形的墙把我们党和人民群众隔开，我们党就会失去根基、失去血脉、失去力量。"

正因如此，在 2013 年年初，短短 1 个月内，习近平两度提及"踏石留印、抓铁有痕"：1 月 22 日，习近平在谈改进工作作风、落实八项规定时强调，"要以踏石留印、抓铁有痕的劲头抓下去……让人民群众不断看到实实在在的成效和变化。"2 月 28日，习近平再次强调，"要以踏石留印、抓铁有痕的劲头抓下去，决不能搞一阵风、一阵子。"

同样，在谈及解决腐败问题时，习近平也提出了"踏石留印、抓铁有痕"的要求。2015 年 6 月 26 日，在中共中央政治局就加强反腐倡廉法规制度建设进行第二十四次集体学习时，习近平强调，"我们必须保持政治定力，以强烈的历史责任感、深沉的使命忧思感、顽强的意志品质，以抓铁有痕、踏石留印的劲头持续抓下去。"

2016 年 1 月，第十八届中央纪委第六次全会上，习近平指出"反腐败斗争压倒性态势正在形成"，这正体现了"留印""有痕"式的成效。无论是八项规定、反"四风"、"三严三实"，还是严惩腐败、"苍蝇老虎一起打"，这些"踏石留印、抓铁有痕"的举措，都彰显了全面从严治党的决心，体现了"言必信，行必果"的力量。

## 推进改革，倡导实干精神

除了是对管党治党的要求，"踏石留印、抓铁有痕"也是为改革立信，倡导实干精神、凝聚实干力量。

《中共中央关于全面深化改革若干重大问题的决定》中提到，要"引导广大党员积极投身改革事业，发扬'钉钉子'精神，抓铁有痕、踏石留印，为全面深化改革作出积极贡献"。

在部署推进改革的长期任务、经济结构改革和军队改革等方面，习近平反复强调这一精神：

"对需要长期抓落实的项目和任务，要以抓铁有痕、踏石留印的劲头，坚持不懈抓下去。""要时刻牢记目标、统一思想、一致行动，踏石留印、抓铁有痕，过了一山再登一峰，跨过一沟再越一壑，决战决胜打好调整经济结构、化解过剩产能这场攻坚战。""全军要以高度的历史自觉和强烈的使命担当，以踏石留印、抓铁有痕的精神，坚决打赢改革这场攻坚仗。"

全面深化改革的"留印""有痕"，体现在 2016 年 2 月 23 日的深改组第二十一次会议上，此次会议听取了 10 个相关部门的改革成果汇报；也体现在习近平的"深改方法论"之中：强调抓紧、也强调抓实；强调顶层设计、也强调地方试点；强调部署分工、也强调督促落实。

2016 年是我国全面推进结构性改革的攻坚之年，更需要坚持"踏石留印、抓铁有痕"的态度，层层负责、狠抓落实，从而以实实在在的成果造福于民、取信于民。

"踏石留印、抓铁有痕"，强调的是针对困难任务，要动真格、见成效。习近平总书记提及这一关键词的场合，主要是针对两项工作：一是全面从严治党，二是全面深化改革。

正是在这一要求下，全面从严治党举措不断，党风政风为之一新；全面深化改革持续推进，走进了"全面推进结构性改革的攻坚之年"。

# 八项规定

## 全面从严治党的第一把"手术刀"

**八项规定**

**提出时间：**

2012 年 12 月 4 日，
中共中央政治局会议。

**提及次数：**

在习近平的公开讲话和文章中，
提及 30 余次。

**产生影响：**

是推进全面从严治党的第一把
"手术刀"，"小切口"推动"大
变局"。

据中央纪委监察部网站 2016 年 4 月 26 日消息，中央纪委日前对七起国有企业和金融机构人员违反中央八项规定精神问题进行公开曝光。所涉问题有：违规公款吃喝、公款旅游、大办婚丧喜庆、违规发放礼品等等。这是中央纪委向违反八项规定行为"开刀"的最新举动。

2012 年 12 月 4 日，新一届中央领导集体履新不到 20 天，就召开会议，审议中央政治局关于改进工作作风、密切联系群众的八项规定。

这短短 600 多字的八项规定，被称作推进全面从严治党的第一把"手术刀"。这把"手术刀"所针对的病灶，则是被称作"四风"的 4 种坏现象——形式主义、官僚主义、享乐主义和奢靡之风。3 年来，中央和各级纪检监察机关坚持一个节点一个节点地抓，持续在节日前后通报曝光一批典型案例，累计查处违反八项规定精神问题逾 10 万起。党风政风民风的变化，让人民看到了以习近平同志为总书记的党中央全面从严治党的决心。

## 八项规定一以贯之

梳理习近平总书记系列讲话，可以发现八项规定精神一以贯之。

2013 年 6 月 18 日，习近平在党的群众路线教育实践活动工作会议上强调，要把贯彻落实中央八项规定精神作为切入点，着力解决突出问题。

2015 年 1 月 13 日，习近平在十八届中央纪委五次全会上谈查处腐败问题时强调，要持之以恒落实中央八项规定精神，坚决遏制腐败现象蔓延势头，坚守阵地、巩固成果、深化拓展，坚定不移推进党风廉政建设和反腐败斗争。

2015 年 6 月 26 日，习近平在中共中央政治局第二十四次集体学习时强调，继续落实中央八项规定精神，继续查处各种腐败问题。

2016 年 1 月 12 日，习近平在十八届中央纪委六次全会上发表重要讲话强调，要持之以恒落实中央八项规定精神，着力解决群众身边的不正之风和腐败问题，坚决遏制腐败蔓延势头，不断取得党风廉政建设和反腐败斗争新成效。

3 年来，共有 16 次中央政治局会议、27 次中央政治局常委会会议，对贯彻执行中央八项规定、加强作风建设进行专门部署研究。3 年来，习近平总书记在不同阶段、不同场合，根据不同情况，围绕作风建设发表了一系列重要讲话，并亲自抓落实。

## 正风肃纪持之以恒

2013 年 9 月 3 日，八项规定推出后第一个中秋国庆两节前夕，中央纪委和中央党的群众路线教育实践活动领导小组发出了《关于落实中央八项规定精神坚决刹住中秋国庆期间公款送礼等不正之风的通知》。

从这次中秋国庆狠抓月饼为起点，中央纪委每逢重大节日节点，都要发出通知要求狠刹"四风"问题，此后每逢节日还在中央纪委网站开设专区，通报曝光"四风"典型案例、开通举报平台，起到了有力的震慑作用，在社会上引起强烈反响。

3 年来，中央对违反八项规定行为执纪问责的力度越来越大。各级纪委也开通了网络举报等窗口，多渠道受理"四风"举报。

正风肃纪毫不手软，切实维护了党的先进性和纯洁性。

## 国际舆论积极评价

2015 年在八项规定出台实施 3 周年之际，海内外舆论界广泛热议，认为八项规定是"小切口"推动了"大变局"，"八项规定改变了中国"。

网民普遍认为，3 年来，党和政府的公信力不断提升，社风民风更加清朗，执政党赢得了民心，百姓重拾信心。有的群众说，中国人深知"积弊难改"，大家都没想到能有今天这样的新气象，而且只用了 3 年，现在"共产党的好作风又回来了"。

国际舆论也给予积极正面评价，认为八项规定切中要害，展现了中国共产党改进作风一抓到底的坚定决心和锐意革新的魄力。从连续两年国家统计局的全国抽样调查看，有 96% 的群众满意中央政治局制定和执行八项规定，有94.9%的群众满意八项规定取得的成效，有91.4%的群众对长期执行八项规定有信心。

近日，一位县委书记深有感触地说：感谢八项规定，经过两三年的洗礼熏陶，突然发现自己是八项规定的受益者，下班能回家吃饭了、不再胡吃海塞了，有时间看书思考问题了、精神世界丰富了，工作状态也提升了。

中国社科院廉政研究院副秘书长高波认为："实施八项规定的实践启示我们，作风问题具有顽固性、反复性，只有不断扎紧制度的笼子，才能根除积弊。作风建设没有捷径，必须从小事入手，从细节做起，从严从实地抓好。"

# 关键少数

## 以上率下　形成合力

### 关键少数

**提出时间**：
2015 年 2 月 2 日，
省部级主要领导干部学习贯彻
十八届四中全会精神全面推进
依法治国专题研讨班开班式上。

**提及次数**：
在习近平的公开讲话和文章中，
提及多次。

**产生影响**：
深刻阐明了领导干部在治国理政
中的关键作用，通过抓"关键少
数"，促使其率先垂范，极大地
推动了良好从政环境的形成和国
家治理能力的提升。

中共十八大以来，习近平总书记治国理政的关键词中，有一个词是"关键少数"，自从 2015 年 2 月首次正式提出以来，他在多次讲话中都强调必须抓住"关键少数"。

当下中国治国理政的方方面面，抓住"关键少数"都已经成为一个有力抓手。通过对领导干部的严格要求，良好的从政环境正在形成。

## "关键少数"内涵何在

"关键少数"一词首次走进公众视线，是在 2015 年 2 月 2 日的省部级主要领导干部学习贯彻十八届四中全会精神全面推进依法治国专题研讨班的开班式上。当时，习近平指出，全面依法治国必须抓住领导干部这个"关键少数"。

在此之后，习近平在多个场合都对"关键少数"提出要求。比如，2015 年 3 月的全国"两会"期间，习近平在参加上海代表团审议和吉林代表团审议时，都强调要从严管好各级领导干部；2016 年 1 月，在十八届中央纪委六次全会上，习近平指出，要抓住"关键少数"，破解一把手监督难题，领导干部责任越重大、岗位越重要，就越要加强监督。

对于中央政治局，习近平说，全党看着中央政治局，要求全党做到的，中央政治局首先要做到；对于省部级干部，习近平说，"要深学笃用""要用好辩证法""要创新手段""要守住底线"；对于县委书记，习近平说，要带头抓班子带队伍，带头依法办事，带头廉洁自律，带头接受党和人民监督，带头清清白白做人、干干净净做事、堂堂正正做官，真正做到率先垂范、以上率下。

习近平还指出，领导干部要做尊法学法守法用法的模范，带动全党全国一起努力，在建设中国特色社会主义法治体系、建设社会主义法治国家上不断见到新成效。

对于紧盯着"关键少数"，国家行政学院教授汪玉凯认为，治国理政，作为"关键少数"的党员领导干部责任重大，看住了"关键少数"，也就抓住了从严治党、依法治国的"牛鼻子"。

## 管好领导干部有实招

中共对"关键少数"是如何管的？

中共十八大以来，中共对于领导干部的要求越来越严格，从中央到地方接连推出实招。

中共中央针对领导干部，连续开展了群众路线教育实践活动、"三严三实"专题教育活动，不断加强反腐败和整顿工作作风力度，坚持以上率下，看住"关键少数"，这些都取得了良好效果，很好地净化了政治生态。

在强化党内监督方面，"关键少数"成为重点，反腐败斗争压倒性态势正在形成。中央纪委公布的数据显示，2015年中央纪委监察部网站先后发布了 37 条中管干部接受组织调查的信息，其中担任正职一把手的至少有 13 名。另外有些被查时虽没有担任"一把手"，但绝大部分此前都曾在关键岗位任职，担任过各级"一把手"。

为了补足监督短板，中共还密集亮出巡视"利剑"。从中央巡视到各省的巡视，均把各地党政一把手作为巡视监督的重点对象，土地出让、工程建设、房地产开发等重点领域成为巡视监督的重点内容。通过巡视，对"关键少数"的腐败行为进行了曝光，产生了更大的震慑力。

## 管理监督日趋严格

进入"十三五"时期，中国已经进入全面建成小康社会的决胜阶段。在这样的关键时刻，如何才能更好地抓住领导干部这个"关键少数"？

习近平站在党和国家事业全局的高度，明确指出要坚持思想建党和制度治党紧密结合，全方位扎紧制度笼子，更多用制度治党、管权、治吏。

事实上，十八大以来，中共扎实推进全面从严治党，党建制度和纪检体制改革不仅节奏加快，更逐步向源头治理、防患未然的更深层次挺进，对于"关键少数"的管理制度日趋严格。领导干部级别越高、位置越重要、权力越大，管理越严格，这充分体现了抓"关键少数"的精神。

比如《中国共产党廉洁自律准则》的印发和《中国共产党纪律处分条例》的修订颁布，对党员和党员领导干部在廉洁自律和遵守纪律方面作出明确具体的规定，特别是将十八大以来严明政治纪律和政治规矩、组织纪律以及落实中央八项规定精神、反对"四风"等要求转化、上升为纪律规范，凸显纪严于法，实现纪法分开。

全面深改需要攻坚，面临的矛盾多、难度大，从开展"两学一做"到践行社会主义核心价值观，从增强法治意识到严格依法办事，从贯彻新发展理念到引领经济发展新常态，"关键少数"如何率先垂范，并带动全体民众，是摆在中共和中国面前的重大课题。

# 全面从严治党

## 煅造坚强领导核心

**全面从严治党**

**提出时间：**
2014 年 12 月，
在江苏调研时。

**提及次数：**
在习近平的公开讲话和文章中，
至少提及 100 余次。

**产生影响：**
党风廉政建设持续推进；反腐败
斗争压倒性态势正在形成；规矩
纪律意识深入人心。

习近平总书记经常讲：加强党的建设、全面从严治党。

"打铁还需自身硬"是我们党的庄严承诺，全面从严治党是我们立下的军令状。2016 年 1 月 12 日，在十八届中央纪委六次全会上发表重要讲话时，习近平如是说。

十八大以来，中共把全面从严治党纳入"四个全面"战略布局，把党风廉政建设和反腐败斗争等作为全面从严治党的重要内容，正风肃纪，反腐惩恶，着力构建不敢腐、不能腐、不想腐的体制机制。

中国共产党是中国特色社会主义事业的领导核心，全面从严治党就是要把这一领导核心煅造得更加坚强有力。

## 铁的作风：从中央政治局做起

党的作风关系党的形象，关系人心向背，关系党的生死存亡。

作风建设，以上率下。"从中央政治局做起"，是十八大以来党的作风建设的重要特点。十八届中央政治局履新不到 1 个月，即提出关于改进工作作风密切联系群众的"八项规定"。3 年多来，习近平到地方考察调研约 30 次，足迹遍布大江南北，深入农村、社区、工厂、边关……考察调研中，不封路、不封园、不清场闭馆、不设过度警卫，减少陪同人员，考察点不做布置，看穷困地、吃家常菜、住普通房，与群众零距离接触，对群众生活念兹在兹。其他中央领导，同样带头执行八项规定。

从上到下，逐步到位。从 2013 年 6 月开始，党的群众路线教育实践活动启动，为期 1 年多，聚焦作风建设，着力解决形式主义、官僚主义、享乐主义和奢靡之风这"四风"问题，取得了重大成果。为了巩固和拓展这一成果，2015 年，全党在县处级以上领导干部中开展了"三严三实"专题教育。2016 年，中共中央决定在全体党员中开展"学党章党规、学系列讲话，做合格党员"学习教育，进一步解决党员队伍在思想、组织、作风、纪律等方面存在的问题，推动全面从严治党向基层延伸。

常抓不懈，严格问责。3 年多来，各级党组织认真贯彻落实中央要求，持续抓好相关工作，严查各种违纪行为，累计已有超过 14 万人因违反中央八项规定精神被问责。

## 铁的反腐：压倒性态势正在形成

如果听任腐败问题发展下去，最终必然会亡党亡国。

习近平指出，党面临的最大风险和挑战是来自党内的腐败和不正之风。权力寻租，体制外和体制内挂钩，形成利益集团，挑战党的领导。我们惩治腐败的决心丝毫不能动摇，惩治这一手始终不能软。

十八大以来，中共以零容忍的态度重拳反腐，坚持"老虎""苍蝇"一起打，不能腐、不想腐的效应初步显现，反腐败斗争压倒性态势正在形成。

最近3年多，严查周永康、薄熙来、徐才厚、郭伯雄、令计划、苏荣等严重违纪案件，"没有铁帽子王"的观念深入人心。此外，还实现中央巡视、派驻两个"全覆盖"，打消"反腐有禁区"的疑虑，并有序推进地方巡视工作。

十八大以来，中共不断健全惩治和预防腐败体系，加强反腐倡廉教育和廉政文化建设，推进反腐败体制机制创新，改革党的纪律检查体制，完善纪委派驻机构统一管理等。

## 铁的纪律：全面从严治党的治本之策

组织严密、纪律严明，是中共的优良传统和政治优势。

习近平指出，加强纪律建设是全面从严治党的治本之策，要把纪律建设摆在更加突出的位置，坚持纪严于法、纪在法前，把纪律和规矩挺在前面。党面临的形势越复杂、肩负的任务越艰巨，就越要加强纪律建设，越要维护党的团结统一，确保全党统一意志、统一行动、步调一致前进。

古人说："欲知平直，则必准绳；欲知方圆，则必规矩。"党内规矩是党的各级组织和全体党员必须遵守的行为规范和规则。党的规矩总的包括什么呢？其一，党章是全党必须遵循的总章程，也是总规矩。其二，党的纪律是刚性约束，政治纪律更是全党在政治方向、政治立场、政治言论、政治行动方面必须遵守的刚性约束。其三，国家法律是党员、干部必须遵守的规矩，法律是党领导人民制定的，全党必须模范执行。其四，党在长期实践中形成的优良传统和工作惯例。

当然，法规制度的生命力在于执行。"盖天下之事，不难于立法，而难于法之必行。"2012 年 12 月 4 日，在中央政治局会议上关于改进工作作风、密切联系群众的讲话中，习近平指出，既然作规定，就要朝严一点的标准去努力，就要来真格的。

# 政治生态

## 激浊扬清　凝聚民心

### 政治生态

**提出时间：**

2014 年 6 月 30 日，
中共中央政治局第十六次集体
学习时。

**提及次数：**

在习近平的公开讲话和文章中，
提及 20 多次。

**产生影响：**

净化政治生态成为中共党建的一
项迫切又极为重要的任务，凝聚
起推动党和人民事业不断从胜利
走向胜利的强大力量。

自 2014 年 6 月被习近平首次公开提出以来，净化"政治生态"成为了中共党建的一项迫切又极为重要的任务。

政治生态关乎党心、民心，是社会健康发展的重要保证。习近平指出，良好政治生态的营造要靠全党上下不懈努力。要严守清正廉洁的政治本色，凝聚起推动党和人民事业不断从胜利走向胜利的强大力量。

## 政治生态也要山清水秀

2014 年 6 月 30 日，在中共中央政治局第十六次集体学习时，习近平提出：加强党的建设，必须营造一个良好从政环境，也就是要有一个好的政治生态。

此后，习近平多次强调政治生态的重要性。"政治生态好，人心就顺、正气就足""自然生态要山清水秀，政治生态也要山清水秀"……我们统计发现，在习近平的公开讲话及文章中，"政治生态"一词被提及 20 多次。

中央党校教授辛鸣认为，"政治生态"进入人们的视野，是现代政治发展走向深入的客观必然，也是今日中国政治走向清明的历史自觉。

强调政治生态，也是现实所需。形形色色的潜规则、大大小小的关系网、"劣币驱逐良币"的逆淘汰……政治生态正在遭受污染。2015 年 3 月 9 日，习近平在参加十二届全国人大三次会议吉林代表团审议时强调，政治生态和自然生态一样，稍不注意，就很容易受到污染，一旦出现问题，再想恢复就要付出很大代价。

## 党委书记要当好第一责任人

重构政治生态工作艰巨繁重，需要协同推进，也需要有所侧重。在习近平看来，"关键少数"是净化政治生态的关键所在。在中共中央政治局第十六次集体学习时，习近平就指出，营造良好从政环境，要从各级领导干部首先是高级干部做起。

2016年1月12日，在十八届中央纪委六次全会上，习近平直言：党委书记要做管党治党的书记，当好第一责任人，对党负责，对本地区本单位的政治生态负责，对干部健康成长负责。要把责任传导给所有班子成员，压给下面的书记，确保责任落到实处。

不难看出，从领导干部抓起，然后形成一级带一级、一级抓一级的示范效应，是中央净化政治生态的基本方法。

净化政治生态，领导干部也不能"赤手空拳"，而体制机制就是最好的武器。习近平要求，各级领导干部特别是高级干部要从自身做起，廉洁用权，做遵纪守法的模范，同时要坚持原则、敢抓敢管。立"明规矩"、破"潜规则"，通过体制机制改革和制度创新促进政治生态不断改善。

## 铁腕反腐带来政治清朗

在净化政治生态的过程中，反腐败无疑是一条主线。严惩腐败分子是保持政治生态山清水秀的必然要求。党内如果有腐败分子藏身之地，政治生态必然会受到污染。因此，必须做到有腐必反、除恶务尽。

中共十八大以来，中共中央始终保持对腐败的高压态势，寸步不让、铁腕反腐，政治生态逐渐走向清朗。

2015 年 1 月 13 日，在十八届中央纪委五次全会上，习近平对反腐形势作出的判断是：在实现不敢腐、不能腐、不想腐上还没有取得压倒性胜利。而一年之后的 2016 年 1 月 12 日，在十八届中央纪委六次全会上，习近平说：不能腐、不想腐的效应初步显现，反腐败斗争压倒性态势正在形成。

减少腐败存量，遏制腐败增量，这是中央反腐的思路之一。在遏制增量方面，党的群众路线教育实践活动、"三严三实"专题教育以及"两学一做"学习教育等，发挥了重要作用。

习近平指出，"三严三实"专题教育推动了政治生态改善；要把专题教育同推进改革发展稳定工作紧密结合起来，努力营造积极向上、干事创业、风清气正的良好政治生态。

"习近平总书记强调政治生态建设，不仅抓住了当下党的建设必须解决的一项紧迫任务，更表明了新一代中国共产党人在政党建设方面的基本立场与态度。"辛鸣说。

# "老虎""苍蝇"一起打

## 有腐必反　有贪必肃

"老虎""苍蝇"
一起打

**提出时间：**
2013年1月22日，
第十八届中央纪律检查委员会
第二次全会。

**提及次数：**
在习近平的公开讲话和文章
中，提及约10次。

**产生影响：**
既查处领导干部违纪违法案件，
又切实解决发生在群众身边的
不正之风和腐败问题，实现反
腐无死角。

中共十八大以来，"'老虎''苍蝇'一起打"在习近平总书记的公开讲话与文章中出现近 10 次。

习近平指出，实现党的十八大确定的各项目标任务，实现"两个一百年"目标，实现中华民族伟大复兴的"中国梦"，必须把我们党建设好。党风廉政建设和反腐败斗争，是党的建设的重大任务。为政清廉才能取信于民，秉公用权才能赢得人心。

"'老虎''苍蝇'一起打"，就是坚持有腐必反、有贪必肃，坚持党纪国法面前没有例外，实现惩治腐败"无死角"。

## 党纪国法面前没有例外

"要坚持'老虎''苍蝇'一起打，既坚决查处领导干部违纪违法案件，又切实解决发生在群众身边的不正之风和腐败问题。"2013 年 1 月，习近平在十八届中央纪委二次全会上提出了这一关于反腐的具体要求。

"打老虎"，强调的是惩治领导干部尤其是高级干部的腐败行为。在十八届中央纪委二次全会上，习近平表示，我们党严肃查处一些党员干部包括高级干部严重违纪问题的坚强决心和鲜明态度，向全党全社会表明，我们所说的不论什么人，不论其职务多高，只要触犯了党纪国法，都要受到严肃追究和严厉惩处，决不是一句空话。

"拍苍蝇"，突出的是解决群众身边的不正之风和腐败问题。

"对基层贪腐以及执法不公等问题，要认真纠正和严肃查处，维护群众切身利益，让群众更多感受到反腐倡廉的实际成果。"在十八届中央纪委六次全会上，习近平指出。

## 反腐倡廉才能取信于民

"一个政党，一个政权，其前途命运取决于人心向背。人民群众反对什么、痛恨什么，我们就要坚决防范和打击。人民群众最痛恨腐败现象，我们就必须坚定不移反对腐败。"2014年9月，在庆祝全国人民代表大会成立60周年大会上，习近平表示，要坚持"老虎""苍蝇"一起打，坚持有腐必反、有贪必肃，下最大气力解决腐败问题，努力营造风清气正的党风政风和社会风气，不断以反腐倡廉的新成效取信于民。

不只是在国内，习近平在国际场合也向世界说明中国反腐倡廉、坚持"'老虎''苍蝇'一起打"的意义。

2015年9月，习近平在接受《华尔街日报》采访时强调，反腐败是世界各国面临的共同任务，也是民心所向。中国共产党的根本宗旨是全心全意为人民服务，中国共产党执政的基础是人民拥护，必须保持同人民群众的血肉联系。

中国人民大学国际关系学院教授周淑真认为，"苍蝇"和"老虎"相互联系，因为有"老虎"的腐败，所以"苍蝇"才敢这样嗡嗡地飞。"苍蝇"影响社会的方方面面，影响老百姓的日常生活。

所以，重大案件要惩处，高阶的官员要惩处，基层腐败同样也要惩处。

## 推进反腐工作日见成效

2016 年 5 月，中央纪委监察部发布消息，经中共中央批准，中共中央纪委对外交部原党委委员、部长助理兼礼宾司司长张昆生严重违纪问题进行了立案审查。自十八大以来至目前，已有百余位省部军级以上领导干部落马，覆盖全国 31 个省区市，周永康、郭伯雄、徐才厚、令计划、苏荣等严重违纪违法案件得到坚决查处。

而在"拍苍蝇"方面，自 2015 年 4 月，中央纪委监察部网站开始定期通报各地的侵害群众利益的不正之风和腐败问题。不论贪污受贿还是截留原本应发给村民的补助费用，都会得到严肃处理。仅 2016 年 5 月，中央纪委就通报了各级纪检监察机关查处的 116 起侵害群众利益的不正之风和腐败问题。

除了惩治贪腐行为，中央还强调加强法律法规建设，把权力关进制度的笼子里。从在上海、北京、广东等地推广规范领导干部配偶及其子女经商的试点，到两高出台贪污受贿数额的司法解释，再到公开"三公支出"、印发《中央和国家机关差旅费管理办法》，越来越多、越来越细的规则正让权力运行变得更规范、更透明，同时减少了"老虎""苍蝇"钻营趋利、巧取豪夺的机会。

# 三严三实

## 全面从严治党的"推进器"

三严三实

**提出时间：**

2014 年 3 月 9 日，
在十二届全国人大第二次会议
安徽代表团参加审议时。

**提及次数：**

在习近平的公开讲话和文章中，
至少提及 65 次。

**产生影响：**

2015 年，县处级以上领导干部
中开展"三严三实"专题教育，
在全国范围内取得了实实在在
的效果。

严以修身、严以用权、严以律己，谋事要实、创业要实、做人要实。自 2014 年 3 月 9 日习近平总书记在十二届全国人大第二次会议上提出以来，"三严三实"迅速成为中国政治领域耳熟能详的词。在中共推进全面从严治党的过程中，"三严三实"发挥了巨大的推动作用。

## "三严三实"内涵丰富

"三严三实"有着丰富的内涵。严以修身，就是要加强党性修养，坚定理想信念，提升道德境界；严以用权，就是要坚持用权为民，按规则、按制度行使权力；严以律己，就是要心存敬畏、手握戒尺，慎独慎微、勤于自省；谋事要实，就是要从实际出发谋划事业和工作，不好高骛远，不脱离实际；创业要实，就是要脚踏实地、真抓实干，努力创造经得起实践、人民、历史检验的实绩；做人要实，就是要做老实人、说老实话、干老实事，襟怀坦白，公道正派。

2015 年 4 月，中共中央办公厅印发《关于在县处级以上领导干部中开展"三严三实"专题教育方案》，对 2015 年在县处级以上领导干部中开展"三严三实"专题教育作出安排。在专题教育过程中，各级党委主要抓了集中学习、专题党课、专题研讨和查摆整改 4 个方面的工作。

事实上，习近平不仅对"三严三实"做了阐述，而且对如何做到"三严三实"提出了明确要求。

2015 年 9 月 11 日，中央政治局就践行"三严三实"进行集体学习时，习近平就强调，凡是有利于党和人民事业的，就坚决干、加油干、一刻不停歇地干；凡是不利于党和人民事业的，就坚决改、彻底改、一刻不耽误地改。

一级讲给一级听，一级做给一级看。习近平总结说，中央政治局的同志在所在单位、所在地方、所分管领域讲了党课，省部级主要负责同志和市县委书记也讲了党课，讲清楚了不严不实的具体表现和严重危害，也讲清楚了落实"三严三实"要求的具体举措。

思想、作风、党性上的又一次集中"补钙"和"加油"——习近平这样总结"三严三实"专题教育。

## 触及深层次问题

中共十八大以来，全面从严治党的力度不断加大，措施不断完善。在诸多措施中，"三严三实"专题教育活动特色鲜明。

首先，定位清晰，目标对象精准。在中办印发的方案中，"三严三实"专题教育明确规定了范围，那就是县处级以上领导干部。

其次，解决的问题不同。在国家行政学院教授孙晓莉看来，在"三严三实"提出之前，从严治党的诸多措施主要是反对"四风"问题，而"三严三实"更多的是对修身、用权、律己提出要求，触及了深层次的问题。

第三，与党的群众路线教育实践活动由中央政治局带头逐级开展相比，"三严三实"专题教育不分批次、不划阶段、不设环节，各级同步展开。很显然，"三严三实"是长期的要求，而不是一次活动。

作为"四个全面"的重要组成部分，全面从严治党需要多种措施共同发力。"三严三实"作为加强党的思想政治建设和作风建设的重要举措，对于干部管理提出了严格要求，争取"防患于未然"。

## 制度化、常态化、长效化

在浙江舟山考察时、在会见全国优秀县委书记时、在中央全面深化改革领导小组会议上、在全国政协新年茶话会上、在视察第13集团军时……习近平在诸多场合，不断强调"三严三实"及其落实。

在以"三严三实"为主题的中共中央政治局第二十六次集体学习中，习近平强调，我们党是执政党，党的先进性和纯洁性、党的形象和威望不仅直接关系党的命运，而且直接关系国家的命运、人民的命运、民族的命运。历史使命越光荣，奋斗目标越宏伟，执政环境越复杂，我们就越要从严治党，使党永远保持同人民群众的血肉联系，永远立于不败之地。

值得一提的是，习近平要求，推动领导干部践行"三严三实"制度化、常态化、长效化。他在 2016 年的讲话中也肯定，党的群众路线教育实践活动、"三严三实"专题教育，对于解决党员干部特别是县处级以上领导干部存在的突出问题、推进全面从严治党起到了重要作用。

正如习近平在讲话中所强调，思想政治建设不可能毕其功于一役。"三严三实"上承党的群众路线教育实践活动，下接"两学一做"学习教育，中共正以一个个具体而扎实的行动，推动全面从严治党不断深入。

# 政治纪律和政治规矩

## 从严治党的最重要抓手

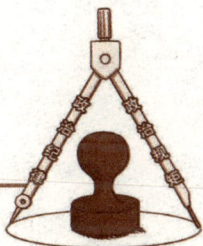

政治纪律和
政治规矩

**提出时间：**
2015 年 1 月 13 日，
在十八届中央纪委第五次全会上。

**提及次数：**
在习近平的公开讲话和文章中，
提及近 100 次。

**产生影响：**
是改善政治生态的必要之举，全
面从严治党的最重要抓手。

2015 年 1 月 13 日，在中国共产党第十八届中央纪律检查委员会第五次全体会议上，中共中央总书记习近平讲话中的一个词引发外界关注——"政治规矩"。他提出，要"严明政治纪律和政治规矩"，"把守纪律讲规矩摆在更加重要的位置"。而在 2015 年 1 月 16 日的中央政治局常委会上，习近平进一步提出，"坚持党的领导，首先是要坚持党中央的集中统一领导，这是一条根本的政治规矩"。

可以说，"政治纪律"是党内常态话语，经常被提及，但"政治规矩"的提法在当时则比较罕见。而要理解当下中国政治的思路，这是两个非常重要的关键词。

## 二者关系

据不完全统计，在 2015 年年初"政治规矩"成为政治热词之后，习近平又多次提到政治纪律、政治规矩。

那么，到底什么是政治纪律和政治规矩？它们之间是什么关系？

要理清这个关系，首先要搞清楚"党的规矩"和"党的纪律"的关系。习近平有过详细的论述：纪律是成文的规矩，一些未明文列入纪律的规矩是不成文的纪律；纪律是刚性的规矩，一些未明文列入纪律的规矩是自我约束的纪律。我们党在长期实践中形成的优良传统和工作惯例，经过实践检验，约定俗成、行之有效，需要全党长期坚持并自觉遵循。

也就是说，从概念的层面，"党的规矩"的外延要比"党的纪律"更大。纪律是刚性的规矩，优良传统和工作惯例是不成文的、相对柔性的规矩，同样需要遵守。

在新修订的《中国共产党纪律处分条例》中我们可以清晰看到，最新的规定中，"党的纪律"已经清晰划为了政治纪律、组织纪律、廉洁纪律、群众纪律、工作纪律、生活纪律 6 个大类。这其中，"政治纪律"排第一，因为这事关全党的路线和立场；同样，在党的规矩中，习近平也尤其强调"政治规矩"，因为这也是事业兴衰的关键。习近平指出，在所有党的纪律和规矩中，第一位的是政治纪律和政治规矩。

## 哪些表现

新版的《中国共产党纪律处分条例》，已经明确列出了不遵守政治纪律的情形。

比如，旧版处分条例中，违反政治纪律的一项内容是"编造传播谣言丑化党和国家形象"，新版则增加了"诋毁、诬蔑党和国家领导人，或者歪曲党史、军史的"内容；对于"党内拉帮结派"的界定，新增了"在党内搞团团伙伙、结党营私、拉帮结派、培植私人势力或者通过搞利益交换、为自己营造声势等活动捞取政治资本的"；在"执行中央决定"方面，不遵守政治纪律的表现，除了拒不执行、阳奉阴违之外，还增加了"擅自对应当由中央决定的重大政策问题作出决定和对外发表主张的"；"搞迷信活动"也属于此类。

那么，不守政治规矩的表现又有哪些呢？我们可以看看习近平在不同场合的论述。

比如：一些人无视党的政治纪律和政治规矩，为了自己的所谓仕途，为了自己的所谓影响力，搞任人唯亲、排斥异己的有之，搞团团伙伙、拉帮结派的有之，搞匿名诬告、制造谣言的有之，搞收买人心、拉动选票的有之，搞封官许愿、弹冠相庆的有之，搞自行其是、阳奉阴违的有之，搞尾大不掉、妄议中央的也有之。又如：在原则立场上，则包括在原则问题和大是大非面前立场摇摆，对涉及党的理论和路线方针政策等重大政治问题公开发表反对意见，甚至是对中央方针政策和重大决策部署阳奉阴违，口无遮拦，毫无顾忌。

可以说，在今天重新强调政治纪律和政治规矩，其本质就是为了维护党中央权威、维护党内团结统一、重塑党组织的纪律性和约束力，净化党的政治生态。

## 如何改进

当下，党的纪律、党的规矩都存在不同程度的被忽视、被破坏的现象：山西"塌方式腐败"，让中央政治局常委、中央纪委书记王岐山直言"令人触目惊心";湖南衡阳的破坏选举案，409人被给予党纪政纪处分；广东茂名窝案，涉嫌行贿买官人员159人，相互牵连的官员之间"一损俱损"……

那么，对于党员干部来说，如何做到自觉遵守党的政治纪律和政治规矩？

答案是要做到"五个必须"：必须维护党中央权威，在任何时候任何情况下都必须在思想上政治上行动上同党中央保持高度一致；必须维护党的团结，坚持五湖四海，团结一切忠实于党的同志；必须遵循组织程序，重大问题该请示的请示，该汇报的汇报，不允许超越权限办事；必须服从组织决定，决不允许搞非组织活动，不得违背组织决定；必须管好亲属和身边工作人员，不得默许他们利用特殊身份谋取非法利益。

人心是最大的政治，守纪律、讲规矩的政党才能得民心。在"减少腐败存量、遏制腐败增量、重构政治生态的工作艰巨繁重"的今天，强调政治纪律和政治规矩，也是改善政治生态的必要之举。而守纪律、讲规矩，就是全面从严治党的最重要抓手。

# 看齐意识

## 凝聚团结统一的磅礴力量

**看齐意识**

**提出时间：**

2015 年 12 月，
在全国党校工作会议上。

**提及次数：**

在习近平的公开讲话和文章中，
提及数次。

**产生影响：**

增强看齐意识，使得广大党员
在政治上站稳立场、思想上辨
明方向、行动上令行禁止，形
成党政军民同频共振、上下一
心的良好局面。

古语云，齐则有序，齐则有效，齐则有力。

在当下，"看齐"拥有了新的内涵和新的时代要求。

最近一段时间，习近平总书记数次在讲话中要求"强化看齐意识"，要求"经常、主动向党中央看齐，向党的理论和路线方针政策看齐"。"看齐意识"很快成为一个热词。

分析人士认为，强调看齐意识，是当前党的建设的重要内容，体现了中国共产党站在新的历史高度解决复杂问题的辩证思维，彰显了党的新思维，为实现中华民族伟大复兴的中国梦指明了方向。

## 看齐意识的提出

在 2015 年 12 月 11 日至 12 日召开的全国党校工作会议上，习近平总书记强调了"要强化看齐意识"。他指出，党校增强看齐意识，就要坚持党校一切工作都必须围绕党中央决策部署来进行。

随后，在 2015 年 12 月 28 日至 29 日中共中央政治局召开的专题民主生活会上，习近平就中央政治局当好"三严三实"表率提出了 4 点要求，其中，在谈到要自觉把"三严三实"要求体现到落实党中央重大决策部署上时，他指出，中央政治局的同志必须有很强的看齐意识，经常、主动向党中央看齐，向党的理论和路线方针政策看齐。

这一重大论断，从事关政治方向和党的事业发展全局的高度，以政治原则和党性要求为指引，为广大党员干部提出了行动指南，确立了根本遵循，是党中央为全党树起的标杆，显示了全党向党中央看齐的决心。

进入2016年，习近平又不止一次强调了"要自觉强化看齐意识"。

2016年1月29日召开的中共中央政治局会议认为，只有增强政治意识、大局意识、核心意识、看齐意识，自觉在思想上政治上行动上同以习近平同志为总书记的党中央保持高度一致，才能使我们党更加团结统一、坚强有力，始终成为中国特色社会主义事业的坚强领导核心。

有专家认为，习近平提出的看齐意识，是指党员在任何情况下都应做到把服从党的利益放在第一位，这既是一种政治责任和政治要求，也是每一个共产党员应该具备的基本思想修养。

## 为什么要强化看齐意识？

为什么反复强调"强化看齐意识"？

习近平指出，同党中央保持高度一致不仅是政治要求，而且是政治纪律。

"上下同欲者胜"，全党向中央看齐，向党的理论和政策看齐，保持高度团结统一，是我们党的光荣传统和独特优势。

"看齐意识的重要性就在于，它是党在整体上保持自身团结统一和步调一致的必要条件。"中央党校党建教研部副主任戴焰军教授分析认为，不论从历史上还是从今天来看，增强看齐意识都有重要的作用。

戴焰军具体分析说，从现实来看，增强看齐意识具有极强的现实针对性和指导性。首先，由于党在不同历史时期和条件下完成自身任务的途径、方式会有很大的不同，对于这种发展变化，并不是每一个党员都能够在同一水平上和同一时间内理解与认同，在这种情况下，就必须以党的纪律来保证党在行动上的高度一致；其次，随着党的任务发生变化，一些党员甚至领导干部在个人工作能力上不能迅速适应新任务要求，而导致党内在任务完成过程中出现差异，这种情况下也需要强调一致性和看齐意识；第三，随着一些党员和领导干部工作、生活环境的变化，导致其本人思想、作风、工作态度等方面发生变化，以致在工作中不思进取、消极怠工，或政绩观发生偏差，把个人利益看得过重，对于这样的情况，需要强调保持一致和看齐意识；第四，由于一些党员和领导干部在金钱、名利、地位等外在利益诱惑下蜕化变质，对此，强调看齐意识，也是告诫全党，只能用党规党纪严肃查处，把这些人清除出党，才能保证党在根本上的团结统一和步调一致。

## 全方位增强看齐意识

看齐意识怎么增强？

习近平明确提出，同党中央保持高度一致必须是全面的，在思想上政治上行动上全方位向党中央看齐，做到表里如一、知行合一；必须是具体的，不能光口头讲讲，要落实在各个方面、各项工作上；必须是坚定的，党中央提倡的坚决响应，党中央决定的坚决照办，党中央禁止的坚决杜绝，任何时候任何情况下都做到政治立场不移、政治方向不偏。

这也就是说，看齐是全方位的，也是对全体党员的要求，要保证全党的高度团结统一，就必须从党的建设各个方面下功夫。

对于看齐意识的要求，中国各省区市开展了一系列落实"向党中央看齐"的活动。

进入 2016 年，党中央决定在全体党员中开展"学党章党规、学系列讲话，做合格党员"学习教育，这是新形势下深化党内教育的又一次重要实践，增强看齐意识也是其中重要内容

党的各项制度建设也在持续加强中，十八大以来，一系列关于党内生活、工作制度，党员干部管理制度等先后出台或者修订，有效地保证了党中央的各项决策的执行，为增强看齐意识提供了制度上的保障。

人心齐，泰山移。在中国，有 8800 多万党员的中国共产党，

正在努力让看齐意识成为一种政治自觉，并以此凝聚起全面建成小康社会的磅礴力量，为实现中华民族伟大复兴的中国梦而努力奋斗。

# 两个责任

## 党风廉政建设的"军令状"

**两个责任**

**提出时间：**
2013 年 11 月，
党的十八届三中全会。

**提及次数：**
在习近平的公开讲话和文章中，
至少提及 60 余次。

**产生影响：**
推动落实党风廉政建设责任制，
健全反腐败领导体制和工作
机制。

十八大以来，中国共产党领导下的党风廉政建设工作，给中国和世界都留下了深刻的印象。如何巩固和发展已有的成果、把这项艰巨的任务继续推进下去？需要在体制机制上进行突破，用制度来固化。

因此，"两个责任"的概念应运而生。

## 制度笼子

什么是"两个责任"？简单说，就是在党风廉政建设上的一种"责任追究制度"，其中，各级党委（党组）负"主要责任"，纪委（纪检组）负"监督责任"，合称"两个责任"。

这一概念的提出，是在党的十八届三中全会《中共中央关于全面深化改革若干重大问题的决定》中："落实党风廉政建设责任制，党委负主体责任，纪委负监督责任，制定实施切实可行的责任追究制度。"

其后，在十八届中央纪委三次全会、听取中央巡视组巡视汇报、中央政治局集体学习、中央政治局常委会、十八届五中全会二次会议等多个场合，习近平都多次提到"两个责任"。

腐败导致"人亡政息"，是十八大以来党中央一直要求全党深刻认识和汲取的历史教训。而在实际工作中，党风廉政建设责任不清、落实不够、追究不力的情况，也实实在在地制约和影响着反腐败的成效。

反腐败斗争中出现的一些情况也不得不引起人们的深思：那些腐败的重灾区、窝案串案频发的地区，政治生态究竟何至于斯？那些腐败的干部究竟是如何提拔上去的？这些案件发生之后，为什么没有第一时间得到纠正？下属贪腐出了问题，主管的领导是不是也应该负有一定的责任？

在这些问题中，除去人为的因素，制度的因素也不可忽视。在过去的理解中，抓党风廉政，似乎应该是纪委的分内之事。因此，许多党政机关的主官，就不同程度地出现了"重业务、轻党建"的倾向。因此，强调"两个责任"，就是通过责任追究健全制度笼子的一种做法。

## 直白的批评

对于"两个责任"落实不到位的情况，习近平曾有过一些非常直白的批评。

比如，2014年，他就曾说："一些地方发生窝案串案，有的地方成为腐败重灾区，主要负责人的责任是怎么履行的？不能'新官不理旧账'。出了事，要追责。我们有的地方、单位管理失之于宽、无能为力，主要责任人是干什么的？要履责，要抓党风廉政建设！凡事整改不力的，都要严肃追责。"

同样，他也对无原则"装好人"、搞"一团和气"的干部深恶痛绝："无论是党委还是纪委或其他相关职能部门，都要对承担的党风廉政建设责任进行签字背书，做到守土有责。出了问题，就要追究责任。决不允许出现底下问题成串、为官麻木不仁的现象！不能事不关己、高高挂起，更不能明哲保身。……如果一个地方腐败问题严重，有关责任人装糊涂、当好人，那就不是党和人民需要的好人！"

换句话说，党委、纪委、其他职能部门，都要对承担的党风廉政建设责任做到"守土有责"。一方失守或擅离职守、玩忽职守，制度就会成为纸老虎、稻草人，针尖大的窟窿就会漏过斗大的风。

事实上，2015年已经被定义为反腐的"责任追究年"——不仅要推动主体责任的层层落实，而且会强化责任追究，尤其是要突出问责。比如，2015年2月，中央纪委监察部网站就首次曝光了8起履行"两个责任"不力的典型案例，涵盖广东、上海、山东、山西、湖南、云南等多个省市；2014年中央第三轮巡视单位晒出的整改清单中，多家单位都晒出了有关国企央企的董事长、党委书记、纪委书记因为下属违法违纪而被追责的案例。

## 理顺关系

反腐败体制机制改革，一个很重要的方面是理清责任、落实责任。"两个责任"的厘清，对于健全反腐败领导体制和工作机制，推动落实党风廉政建设责任制，具有十分重要的意义。

为什么要强调党委的"主体责任"？这是因为，党委能否落实好主体责任，直接关系到党风廉政建设成效。比如，有的党委没有把党风廉政建设当成分内之事，开个会、讲个话就万事大吉了；有的疏于教育、管理和监督，放任一些党员干部滑向腐败深渊；有的领导只表态、不行动，说一套、做一套，甚至带头搞腐败。因此，各级党委特别是主要负责人必须牢固树立"不抓党风廉政建设就是严重失职"的意识，解决好不想抓、不会抓、不敢抓的问题，种好自己的"责任田"。

同样，各级纪委作为党内监督的专门机关，对党风廉政建设责无旁贷，必须履行好监督责任。过去，在党风廉政建设和反腐败工作中，有的纪委承担了很多本该由党委、政府及其职能部门承担的任务，出现了越位、缺位、错位、不到位的现象。明确了纪委的"监督责任"，也就把纪委从其他不该承担的工作中解脱出来，明确了工作和责任，集中精力抓好执纪监督主业。

有权必有责，权责要对等。要防止党风廉政建设责任流于形式，就必须完善并严格执行责任追究办法，对每一个问题都要分清党委负什么责任、纪委负什么责任、有关部门负什么责任，健全责任分解、检查监督、倒查追究的完整链条，坚持有错必究、有责必问。

# 新型政商关系

## "亲""清"在心　各有所遵

### 新型政商关系

**提出时间：**

2016 年 3 月 4 日，
参加全国政协十二届四次会议
民建、工商联界政协委员联组
讨论时。

**提及次数：**

在习近平的公开讲话和文章中，
提及多次。

**产生影响：**

推动构建风清气正的政商关系，
有利于净化政治生态和经济
生态。

政商关系，自古以来就是一个复杂而重要的问题。2016年全国"两会"期间，中共中央总书记习近平在看望参加政协会议的民建、工商联界委员并参加联组讨论时，首次提出要构建"亲"和"清"的新型政商关系，引起巨大反响。习近平总书记的论述，为新时期处理好政商关系提供了重要指导和遵循。

## 筑牢预防官商勾结"防火墙"

检索习近平总书记以往讲话和文章可以发现，习近平十分关注政商关系，在多个场合痛批官商"勾肩搭背"，强调不能以权谋私、搞权钱交易。

2013年3月8日，习近平在参加十二届全国人大一次会议江苏代表团审议时告诫各级领导干部，面对纷繁的物质利益，要做到君子之交淡如水，"官""商"交往要有道，相敬如宾，不要勾肩搭背、不分彼此，要划出公私分明的界限。

2014年6月26日，习近平在中央政治局常委会听取2014年中央巡视组首轮巡视情况汇报时说，现在矿产资源、土地出让、房地产开发、工程项目、惠民资金、科研经费管理等方面腐败问题频发。领导干部插手工程项目、亲属子女经商办企业问题突出……查处惩戒力度还要加大。

中共十八大以来，为了筑牢预防官商勾结的"防火墙"，中央出台了一系列法规制度。中组部相继出台《关于进一步规范党政领导干部在企业兼职（任职）问题的意见》和《关于规范退（离）休领导干部在社会团体兼职问题的通知》，从制度上解决官员"脚踏两只船"的问题；2015 年 2 月，中央全面深化改革领导小组第十次会议审议通过了《上海市开展进一步规范领导干部配偶、子女及其配偶经商办企业管理工作的意见》；2016 年 4 月，中央全面深化改革领导小组第二十三次会议决定，在上海先行开展试点的基础上，在北京、广东、重庆、新疆也开展规范领导干部配偶、子女及其配偶经商办企业行为的试点。

## 强调政府积极服务企业

官商之间要保持距离、划清界限，并不意味着官员可以懒政怠政，对企业家漠视不理。为企业发展积极提供服务和帮助，是政府官员的职责和义务。

早在担任浙江省委书记期间，习近平就撰文指出，"浙江民营经济比较发达，各级领导干部一方面要支持民营企业发展，要亲商、富商、安商；另一方面，同企业家打交道一定要掌握分寸，公私分明，君子之交淡如水。"

2014 年 11 月 9 日，习近平在亚太经合组织工商领导人峰会开幕式上演讲时说，"我们强调要更好发挥政府作用，更多从管理者转向服务者，为企业服务，为推动经济社会发展服务。"

2015 年 5 月，习近平在中央统战工作会议上讲话指出，"促进非公有制经济健康发展和非公有制经济人士健康成长，要坚持团结、服务、引导、教育的方针，一手抓鼓励支持，一手抓教育引导，关注他们的思想，关注他们的困难，有针对性地进行帮助引导。"

由此可见，官员和企业家并不是不能交往，而是要交往有道、把握好分寸。既不"勾肩搭背"，也不"背对背"，这才是正常、健康的政商关系。

## 树立交往的准则和尺度

2016年全国"两会"上，习近平对于新型政商关系进行了深刻阐释。

习近平指出，新型政商关系，概括起来说就是"亲""清"两个字。对领导干部而言，所谓"亲"，就是要坦荡真诚同民营企业接触交往，特别是在民营企业遇到困难和问题情况下更要积极作为、靠前服务，对非公有制经济人士多关注、多谈心、多引导，帮助解决实际困难，真心实意支持民营经济发展。所谓"清"，就是同民营企业家的关系要清白、纯洁，不能有贪心私心，不能以权谋私，不能搞权钱交易。对民营企业家而言，所谓"亲"，就是积极主动同各级党委和政府及部门多沟通多交流，讲真话，说实情，建诤言，满腔热情支持地方发展。所谓"清"，就是要洁身自好、走正道，做到遵纪守法办企业、光明正大搞经营。

习近平的这段讲话，在政企两界都引起了热烈反响和共鸣，使领导干部和企业家心中都有了一杆秤，明白彼此交往所应遵循的准则和尺度。

2016 年 4 月，国内首份《"新型政商关系"研究报告》在北京大学发布。这份报告为企业家处理政商关系提出 7 条建议，包括企业家要有"底线意识"、专注发展核心竞争力、以法人关系替代个人关系等。

可以预见，随着新型政商关系逐渐形成，政治生态和经济生态都将得到净化，社会主义市场经济将更好更健康地发展。

# 补足精神之"钙"

## 拧紧理想信念"总开关"

**精神之"钙"**

**提出时间：**

2012 年 11 月 17 日，
十八届中共中央政治局第一次
集体学习。

**提及次数：**

在习近平的公开讲话和文章中，
提及 10 次左右。

**产生影响：**

使全面从严治党的氛围更浓厚，
使我们党始终成为有理想、有
信念的马克思主义政党。

截至 2016 年 8 月，"两学一做"学习教育开展已满半年。从中央部委的公务员到偏远山区的村支书，不少人将这次学习教育比喻为"给精神'补钙'"。

精神之"钙"，这是习近平总书记提出的形象说法。2012 年 11 月 17 日，习近平在十八届中共中央政治局第一次集体学习时说："理想信念就是共产党人精神上的'钙'。"

## 什么是精神之"钙"

在首次提出之时，习近平就明确了精神之"钙"的所指——理想信念。在随后的多次讲话中，习近平对其进行了更具体、丰富的阐释。

2014 年 1 月 20 日，在党的群众路线教育实践活动第一批总结暨第二批部署会议上，习近平指出，理想信念是共产党人的精神之"钙"，必须加强思想政治建设，解决好世界观、人生观、价值观这个"总开关"问题。

2015 年 6 月 12 日，在纪念陈云同志诞辰 110 周年座谈会上，习近平指出，对马克思主义、共产主义的信仰，对社会主义的信念，是共产党人精神上的"钙"。

"把理想信念比作共产党人精神上的'钙'，体现了习近平总书记高超的政治智慧。"中央党史研究室办公厅副主任王相坤说，巧用一个字，就把抽象概念形象化，拉近了与每个人的距离，加深了对坚定理想信念重要性的认识。

## "缺钙"的表现有哪些

中国浦东干部学院科研部副主任王友明，曾参加过一项面向 26 省（区、市）的问卷调查，针对"当前部分党员干部思想不纯的主要表现"，选择"理想信念动摇"的占 43.57%。"这说明，党员干部理想信念的实际状况不容乐观。"王友明说。

早在十八届中共中央政治局第一次集体学习时，习近平就曾指出，"没有理想信念，理想信念不坚定，精神上就会'缺钙'，就会得'软骨病'。现实生活中，一些党员、干部出这样那样的问题，说到底是信仰迷茫、精神迷失。"

那么，精神"缺钙"的具体表现有哪些？习近平列举了 4 种表现：政治上变质、经济上贪婪、道德上堕落、生活上腐化。

对于这 4 种表现的关系，王相坤这样分析："软骨病"首先从动摇信仰、淡漠信念开始，不信马列信鬼神，把理想信念庸俗化；继之，忘记大目标，追求局部利益、个人利益，信奉金钱至上、名利至上、享乐至上，发展下去，在政治风浪考验面前，就会迷失方向；在金钱面前，就会挺不起胸膛；在美色面前，就会甘当"俘虏"。

## 如何补足精神之"钙"

身体之钙需要天天补充，精神之"钙"也是如此。因此，十八大以来，从党的群众路线教育实践活动，到"三严三实"专题教育，再到"两学一做"学习教育，中共持续不断地进行"补钙""加油"。

关于"三严三实"专题教育，习近平评价说，是思想、作风、党性上的又一次集中"补钙"和"加油"，使全面从严治党的氛围更浓厚了、领导干部的标杆作用更明显了。

关于党的群众路线教育实践活动，习近平总结说，通过活动，广大党员、干部精神上补了"钙"，进一步认识到人民是历史的创造者，我们党来自人民、植根人民。

关于"两学一做"学习教育，习近平部署时说，坚定广大党员的马克思主义立场，保证全党始终在思想上政治上行动上同党中央保持高度一致，使我们党始终成为有理想、有信念的马克思主义政党。

王友明认为，在当今国内外各种思想文化和社会思潮交流、交融、交锋日益频繁、激烈的背景下，坚定的理想信念始终是党员干部站稳政治立场、抵御各种诱惑的决定性因素。

# 政治定力

## 在复兴之路上坚持正确方向

**政治定力**

**提出时间：**

2012 年 11 月 15 日，
在党的十八届一中全会上。

**提及次数：**

在习近平的公开讲话和文章中，
提及近 10 次。

**产生影响：**

使广大党员干部坚定正确立场、
保持正确方向，能够抵御各种
政治考验。

政治定力，是十八大以来党的政治生活中一个引人注目的关键词。从十八届一中全会，到庆祝建党 95 周年大会，习近平总书记在一系列重要会议上多次强调政治定力。可以说，政治定力是对党员干部的基本政治要求，在党和国家事业发展中具有重要的意义。

## 政治定力的内涵

定力，原指人们在改造客观世界和主观世界过程中，所表现出来的一种坚强意志、执着信念和道德操守。习近平总书记结合时代发展和新的实践，赋予定力新的内涵，形成了关于政治定力的系列重要论述。

早在 2012 年 11 月，中共十八届一中全会上，习近平总书记对新一届中央领导集体讲话时指出，我们必须始终保持对马克思主义的坚定信仰、对共产主义和中国特色社会主义的坚定信念，"以此来增强政治定力和政治敏锐性，以此来提高抵御各种风险和经受住各种考验的能力"。

2013 年 6 月，习近平在全国组织工作会议上指出，和平建设时期检验一个干部理想信念是否坚定，主要看其在重大政治考验面前有没有政治定力。

2013 年 12 月，在纪念毛泽东同志诞辰 120 周年座谈会上，习近平把"增强政治定力"与"增强道路自信、理论自信、制度自信"并列提出。

2016 年 7 月 1 日举行的庆祝中国共产党成立 95 周年大会上，习近平讲话指出，我们要把理想信念教育作为思想建设的战略任务，保持全党在理想追求上的政治定力，自觉做共产主义远大理想和中国特色社会主义共同理想的坚定信仰者、忠实实践者，在全面建成小康社会、实现中华民族伟大复兴中国梦的历史进程中充分发挥先锋模范作用。

梳理习近平关于政治定力的系列讲话，我们大致可以做出这样的概括：政治定力，就是在思想上政治上排除各种干扰、消除各种困惑，坚持正确立场、保持正确方向的能力。在新时期，党员干部的政治定力主要表现为毫不动摇地坚持马克思主义和共产主义信仰，坚持中国特色社会主义，坚决与各种错误思想、错误行为作斗争，有效抵御各种政治考验。

## 反腐败斗争中的体现

当前，我们正处于全面建成小康社会的关键时期和中华民族伟大复兴的新阶段，国内外环境都在发生广泛而深刻的变化，前进道路上的困难问题和风险挑战不断增多。党员干部只有保持政治定力，才能不为噪音所扰、不为歪风所惑、不为暗流所动，在纷繁复杂的形势变化中始终坚持正确立场和正确方向。

反腐败是当前面临的重大挑战之一。习近平在论及反腐相关问题时，多次强调要保持政治定力。

2015年6月，在中央政治局第二十四次集体学习时，习近平就党风廉政建设和反腐败斗争指出，"我们必须保持政治定力，以强烈的历史责任感、深沉的使命忧思感、顽强的意志品质，以抓铁有痕、踏石留印的劲头持续抓下去"。

2016年1月，在十八届中央纪委六次全会上，习近平强调"保持坚强政治定力，坚持全面从严治党、依规治党"，这一表述也写入了中纪委六次全会公报。

自十八大以来，中共深入推进党风廉政建设和反腐败斗争，取得了重大成效。习近平总书记的讲话表明，反腐没有休止符，未来还要锲而不舍地继续抓下去，这深刻体现了党中央的政治定力。而在这一问题上，党员干部的态度和行动如何，也将成为其是否具有政治定力的重要表现。

## 如何增强政治定力

增强政治定力，是提升党的凝聚力、战斗力的关键所在。专家指出，政治定力不会与生俱来，党员干部要通过加强理论学习和工作实践，在深学、细照、笃行中不断巩固政治定力。

习近平曾指出，"理论上的成熟是政治上成熟的基础"。当今时代，各种思想文化交流交锋日益频繁、激烈，意识形态领域斗争长期而复杂，要保持理想信念和政治立场不动摇，必须用强大的理论和思想武装自己。国防大学马克思主义研究所研究员颜晓峰认为，增强政治定力要在精神上"补钙"，认真学习马克思主义理论和党中央治国理政的新思想新理论，使之成为坚定理想的"主心骨"、牢固信念的"压舱石"，真正做到虔诚而执着、至信而深厚。

政治定力是重要的现实课题，除了加强理论素养，还需要在实践中反复锤炼，在考验中更趋坚定。落实政治定力最根本的一条，就是与党中央保持高度一致。中央要求开展的工作，毫不迟延地开展；中央决定禁止的事项，毫不犹豫地禁止。无论遇到怎样的阻力和困难，无论部门或个人的眼前利益受到怎样的影响，都要坚决服从大局，坚定不移地贯彻落实中央的决策部署。

当前，我们正在进行具有许多新的历史特点的伟大斗争。取得这场伟大斗争的胜利，必须要有与之相适应的强大定力。广大党员干部要把增强政治定力摆在突出位置，真正做到"千磨万击还坚劲，任尔东西南北风"，在实现中华民族伟大复兴的征程上克服艰险、勇往直前，不断开创新局面、取得新胜利。

# 底线思维

## 有备无患才能牢牢把握主动权

**底线思维**

**提出时间：**

2013 年年初，
习近平在一次重要会议上强调了
"底线思维"。

**提及次数：**

在习近平的公开讲话和文章中，
提及数十次。

**产生影响：**

将底线思维贯穿始终，才能以
坚强有力的组织领导保证各项
改革任务圆满完成。

古语云，"君子以思患而豫防之"，有备才能无患。

党的十八大以来，习近平总书记多次强调，要善于运用底线思维，凡事从坏处准备，努力争取最好的结果。

坚持底线思维，是以习近平同志为总书记的党中央保持战略定力，应对错综复杂形势的科学方法，更是推动新一轮改革的治理智慧，不仅在治国理政新思想新实践中有着丰富的体现，在全党也引起了广泛共鸣。

## 在诸多方面划出底线

底线思维，是以底线为导向的一种思维方法和心态，估算可能出现的最坏情况，并且接受这种情况，对可预见事物发展做出调整，体现了"有守"和"有为"的有机统一。

2013 年年初，习近平强调：要善于运用"底线思维"的方法，凡事从坏处准备，努力争取最好的结果，这样才能有备无患、遇事不慌，牢牢把握主动权。

此后，习近平多次使用了"底线思维"和"底线"的词汇，在治国理政中运用底线思维处理各个方面的问题。

对外在涉及国家核心利益的问题上，习近平主席始终注意划出红线，亮明底线，把坚决维护国家主权、安全、发展利益作为基本的出发点和落脚点。比如，2014 年 3 月 28 日，习近平在德国科尔伯基金会的演讲时指出，中国将坚定不移维护自己的主权、安全、发展利益，任何国家都不要指望我们会吞下损害中国主权、安全、发展利益的苦果。

在法律底线方面，2015 年 2 月 2 日，习近平在省部级主要领导干部学习贯彻十八届四中全会精神全面推进依法治国专题研讨班开班式上强调，领导干部要牢记法律红线不可逾越、法律底线不可触碰，带头遵守法律、执行法律，带头营造办事依法、遇事找法、解决问题用法、化解矛盾靠法的法治环境。

在要求干部的清正廉洁方面，习近平指出，干部廉洁自律的关键在于守住底线。只要能守住做人、处事、用权、交友的底线，就能守住党和人民交给自己的政治责任，守住自己的政治生命线，守住正确的人生价值观。

在经济方面，2013 年 7 月 25 日，习近平在中共中央召开党外人士座谈会上指出，在肯定成绩的同时，我们要保持清醒头脑，深刻认识和高度重视经济运行中的突出矛盾和问题，深刻认识和全面把握国际经济形势，坚持底线思维，切实做好工作。

此外，在环境保护方面，习近平指出，要守住发展和生态两条底线；在道德问题上，习近平认为，要注意把一些基本道德规范转化为法律规范，使法律法规更多体现道德理念和人文关怀，通过法律的强制力来强化道德作用、确保道德底线，推动全社会道德素质提升……

梳理可以发现，这些底线涵盖了道路、党风、经济、全面深改、外交等多个方面，充分体现了政治上的清醒和坚定。

## 治国理政为什么需要底线思维

当前，为什么要强调底线思维？

中国人民大学马克思主义学院教授陶文昭分析认为，习近平提出和重视底线思维，是基于忧患意识分析客观实际的结果。

"一方面，从主观上看，忧患意识是中华民族的至深传统，并且贯穿于中国共产党的奋斗历程，当今中国改革开放成就辉煌，中国特色社会主义生机蓬勃，中国充满了道路自信、理论自信、制度自信、文化自信，也正是在这样的情况下，增强忧患意识显得极为紧要，将忧患意识加以具体化就形成底线，忧患意识的逻辑延展就是底线思维；另一方面，从客观上的形势分析来看，底线思维不是空穴来风，而是基于对业已存在和潜在的各种不利因素的分析。作为成熟而清醒的执政者，尤其要对不利因素做充分估计。"陶文昭说。

的确，当前中国经济社会发展中各种结构性的深层次矛盾日益凸显，在全面深化改革进程中如何管控风险、守住底线，在国际领域如何充分估计国际格局发展演变的复杂性、世界经济调整的曲折性、国际矛盾和斗争的尖锐性、国际秩序之争的长期性以及中国周边环境中的不确定性，看准、看清、看透国内外不可测因素，是决定各项工作成败的前提。

面对内外诸多亟待解决的实现问题，面对诸多利益冲突，树立底线思维的重要性凸显，必须划出红线、亮明底线，将维护核心利益作为出发点和落脚点，才能准确判断前进道路上的各种风险挑战，及时采取应对之策。

## 如何以底线思维定边界

底线明确之后，在治国理政中就要坚持和运用好底线思维。

坚持底线思维，首先就要严守原则，不仅要划清底线，更要对底线心怀敬畏，坚守底线，不能踩"红线"、越"底线"、闯"雷区"。

陶文昭分析认为，底线在政治上是生死线，在政治方向上，在大是大非上，丝毫不能偏离，丝毫不能动摇；底线在价值上是最低标准，要毫无例外地遵守，不可逾越警戒线；底线在发展上是最低目标，要不折不扣地完成，不能搞变通。要对敢于超越底线的行为"零容忍"，展开坚决斗争。

其次，强调底线思维，并不意味着消极应对，而是要以积极的态度前瞻风险、守住底线、防患未然，才能掌握改革实践的主动权。

习近平指出，"增强忧患意识，充分看到发展中的困难、问题和不利因素，不是消极泄气，而是要避免犯脱离实际、超越阶段而急于求成、急躁冒进的错误，真正做到既尽力而为又量力而行"。

所谓"守乎其低而得乎其高"。"习近平总书记提出底线思维，实际上是一种注重效果的思维，即积极争取好的效果，避免坏的效果，为避免坏的结果而积极采取应对措施；同时还意味着，不能因为可能会有坏的结果，我们就不积极作为。"中央党校副教育长兼哲学部主任韩庆祥这样分析认为。

"纷繁世事多元应，击鼓催征稳驭舟"。只有善于运用底线思维，居安思危，才能在贯彻落实新发展理念中及时化解矛盾风险，下好先手棋，让越来越有分量的"中国号"，同其他国家一起千帆竞发，共同进取。

# 担当精神

## 有多大担当才能干多大事业

**担当精神**

**提出时间：**

2013 年 5 月 4 日，
同各界优秀青年代表座谈时。

**提及次数：**

在习近平的公开讲话和文章中，
提及近 100 次。

**产生影响：**

在国内，担当精神深入人心，为
"两个一百年""中国梦"的实现
凝聚极大动力；在国际上，中国
牢固树立了负责任有担当的大国
形象。

一代人有一代人的担当。中国最高领导人习近平，极为强调"担当"二字。

在他看来，要层层负责、人人担当，凡事都要有人去管、去盯、去促、去干。对不担当的，他强调，失责必追究。

在国内，干部要"敢于担当"，青年要"有担当"，改革要"强化责任担当"，脱贫攻坚要"签定军令状"……国际上，中国对人类社会会有"更大的担当"，世界各国要为全球治理"共同担当"。

而他本人，也是担当精神典范。他常说，有多大担当才能干多大事业，尽多大责任才会有多大成就。"两个一百年"，中国梦的实现，需要全体中国人的担当。人类命运共同体的构建，需要各国的担当。

## 干部要担当，失责必追究

对于好干部标准，习近平极强调"担当"精神。2013年6月，全国组织工作会议上，他即指出，好干部要做到"信念坚定、为民服务、勤政务实、敢于担当、清正廉洁"。

对于军队好干部标准，他同样强调"担当"——"就是要做到对党忠诚、善谋打仗、敢于担当、实绩突出、清正廉洁"。他还提出"四铁"军队标准，同样谈"担当"。即，锻造具有"铁一般信仰、铁一般信念、铁一般纪律、铁一般担当"的过硬部队。

全国党校工作会议上，习近平又提出"四铁"干部标准，再度强调担当。即，关键在于培养造就一支具有"铁一般信仰、铁一般信念、铁一般纪律、铁一般担当"的干部队伍。

习近平说，干部就要有担当，有多大担当才能干多大事业，尽多大责任才会有多大成就。不能只想当官不想干事，只想揽权不想担责，只想出彩不想出力。要意气风发、满腔热情干好，为官一任、造福一方。

担当需要自觉。在中央政治局第三十次集体学习时，他强调，各级党委和政府要增强责任感和自觉性，提高风险监测防控能力，做到守土有责、主动负责、敢于担当，积极主动防范风险、发现风险、消除风险。

担当精神更需要鼓励。习近平专门指出，"要保护作风正派、锐意进取的干部，真正把那些想干事、能干事、敢担当、善作为的优秀干部选拔到各级领导班子中来。"

对于缺乏担当的干部，习近平强调，"失责必追究"。2016年7月17日，《中国共产党问责条例》正式公布。早在2015年5月，在浙江调研时，谈及从严治党话题时，他即强调：属于能力不足的，就要加强培训，加强实践锻炼，加强总结提高；属于担当精神缺乏的，就要明确责任、加强督查；属于不作为的，就要严肃批评教育，认真执纪问责。

2016年1月，对于3种"为官不为"现象——一是能力不足而"不能为"，二是动力不足而"不想为"，三是担当不足而"不敢为"，他强调，要严格按照党的原则、纪律、规矩办事，不滥用权力、违纪违法，又要对干部政治上激励、工作上支持、待遇上保障、心理上关怀，让广大干部安心、安身、安业，推动广大干部心情舒畅、充满信心，积极作为、敢于担当。

## 人人要担当，事事有人管

习近平强调，要"层层负责、人人担当"。各种工作性质人员，都要有担当。

如，知识分子要有担当。在知识分子、劳动模范、青年代表座谈会上的讲话中，他指出，天下为公、担当道义，是广大知识分子应有的情怀。现在，党和人民更加需要广大知识分子发扬这样的担当精神。这是一份沉甸甸的责任。广大知识分子要坚持国家至上、民族至上、人民至上，始终胸怀大局、心有大我。

从事外交工作，要有担当。2013年10月，在周边外交工作座谈会上，习近平强调，周边外交任务艰巨繁重，从事外交工作的同志们，要"讲奉献、敢担当、勇创新"，更加积极有为地做好周边外交工作。

政法队伍要勇于担当。习近平强调，政法队伍要敢于担当，面对歪风邪气，必须敢于亮剑、坚决斗争，绝不能听之任之；面对急难险重任务，必须豁得出来、顶得上去，绝不能畏缩不前。在他看来，政法队伍的标准是，"信念坚定、执法为民、敢于担当、清正廉洁"。

纪检监察队伍，要担当。习近平指出，广大纪检监察干部要敢于担当、敢于监督、敢于负责，努力成为一支忠诚、干净、担当的纪检监察队伍。

……

事事要有人担当。

改革尤其需要担当。主持召开中央全面深化改革领导小组第一次会议时，他即强调，"要强化改革责任担当，看准了的事情，就要拿出政治勇气来，坚定不移干。"在第三次会议时，他又强调，"各地区各部门要敢于担当，积极有为推进改革攻坚"，到人到事，凡事都要有人去管、去盯、去促、去干。第十七次会上，他强调，推动改革落实的责任担当问题。第二十一次会议提出的"改革促进派"，其标准是，拥护改革、支持改革、敢于担当。

脱贫攻坚需要担当。中央扶贫开发工作会议上，习近平强调，越是进行脱贫攻坚战，越是要加强和改善党的领导。各级党委和政府必须坚定信心、勇于担当，把脱贫职责扛在肩上，把脱贫任务抓在手上。他指出，要层层签订脱贫攻坚责任书、立下军令状。

青年是国家的未来，青年要有担当。青年一代有理想、有担当，国家就有前途，民族就有希望，实现我们的发展目标就有源源不断的强大力量。2013 年青年节，在同各界优秀青年代表座谈时的讲话，习近平如是说。一年后的青年节，他强调当代青年要关心国家、关心人民、关心世界，学会担当社会责任。

## 为世界担当，世界共担当

中国是负责任有担当的大国。

习近平说，中国应该对人类社会有更大的贡献，更大的担当。中国梦不仅为着中国人民，而且为着全人类的进步。联合国秘书长潘基文曾评价："中国持续展现领导力非常关键。"

近年，中国倡建"一带一路"、亚洲基础设施投资银行，建立丝路基金，加快自由贸易区建设，中国以开放思维重塑新格局，展示了中国对全球经济治理的"中国担当"。当前，中国更是担当2016年二十国集团领导人峰会主办国重任，将为推动世界经济增长发挥更大作用。此外，在伊核会谈、巴黎气候大会、核安全峰会等领域，中国同样发挥了重要建设性作用。

中国担当赢得他国钦佩。2014年9月13日，习近平同塔吉克斯坦总统拉赫蒙会谈时，拉赫蒙表示，我钦佩中国沿着中国特色社会主义道路不断前行，钦佩习近平主席领导中国这样一个大国体现出的远见卓识和责任担当。中国的发展给地区和世界带来和平的希望、发展的机遇。

世界问题解决，需要各国共同担当。构建中美新型大国关系，需要中美共同担当。习近平强调，构建新型大国关系是双方在总结历史经验基础上，从两国国情和世界形势出发，共同作出的重大战略抉择，符合两国人民和各国人民根本利益，也体现了双方决心打破大国冲突对抗的传统规律、开创大国关系发展新模式的政治担当。

安全，需要共同担当。"维护亚洲和平是中国同周边国家的历史责任和共同担当。亚洲各国人民要永不为敌、增进互信，共同守护亚洲和平安宁，为亚洲各国发展和人民安居乐业创造良好条件。"习近平于 2015 年 11 月在新加坡国立大学"新加坡讲座"发表演讲时说。

经济发展，需要共同担当。2015 年 11 月，在亚太经合组织工商领导人峰会上的主旨演讲，习近平指出，"面对世界经济中的激流险滩，亚太这艘巨轮必须校准航向、把好舵盘，亚太各经济体必须勇于担当、同舟共济，努力推动全球增长。"

气候变化治理，需要共同担当。中国方面同美国、法国、欧盟、印度、巴西相继发表气候变化联合声明，宣布建立 200 亿元人民币的"中国气候变化南南合作基金"，"为世界树立榜样"。2015 年 11 月，出席气候变化巴黎大会开幕式时，习近平指出，巴黎大会要推动各国尤其是发达国家多一点共享、多一点担当，实现互惠共赢。

2014 年 7 月，在巴西国会的演讲时，习近平指出，我们要肩负国际责任担当。

# 好 干 部

## 为政之要，莫先于用人

**好干部**

**提出时间：**
2013 年 6 月，
全国组织工作会议。

**提及次数：**
习近平 30 余次谈"好干部"，
数百次谈"优秀干部""高素
质干部""干部"等。

**产生影响：**
为各级各地各领域干部指明了
清晰的努力方向。

为政之要，莫先于用人。

当前，中国正在协调推进"四个全面"战略布局，为实现"两个一百年"奋斗目标和中华民族伟大复兴的中国梦而努力奋斗。"伟大的斗争，宏伟的事业，需要高素质干部。"2016 年 7 月 1 日，在纪念中国共产党成立 95 周年大会上的讲话中，习近平总书记强调，要"把党和人民需要的好干部精心培养起来、及时发现出来、合理使用起来"。

那么，什么是"党和人民需要的好干部"？怎样成为这样的好干部？

## 什么是好干部

2013 年 6 月，在全国组织工作会议上，习近平提出了好干部的 5 条标准：信念坚定、为民服务、勤政务实、敢于担当、清正廉洁。

此后，他多次谈及"好干部"话题。如 2015 年 12 月 11 日至 12 日，全国党校工作会议上，习近平提出"四铁干部"标准：具有铁一般信仰、铁一般信念、铁一般纪律、铁一般担当。

通过习近平讲话不难发现，在他看来，干部级别越高，所应具备素质越高，越应起到带头作用。

习近平对中央领导尤其对政治局成员，提出了非常高的要求。2012 年 12 月 15 日，他对新一届中央领导集体讲话时，要求他们"按照马克思主义政治家的标准严格要求自己",始终把人民放在心中最高位置,把为党和人民事业贡献力量作为自己的最高追求,为坚持和发展中国特色社会主义不懈奋斗,以此来开阔胸襟和眼界,以此来增强政治定力和政治敏锐性,以此来提高抵御各种风险和经受住各种考验的能力。

在作风建设等方面,习近平要求自上而下做起。他说,"我们要从中央政治局常委会、中央政治局、中央委员会抓起,从高级干部抓起,持之以恒加强作风建设。"

## "好"是具体的

按照好干部标准,习近平对不同类别、不同领域的干部提出了具体要求。

他高度重视"县委书记"这个群体,对他们提出了"四有"和"四要"要求。所谓"四有",就是要始终做到心中有党、心中有民、心中有责、心中有戒,努力成为党和人民信赖的好干部;所谓"四要",就是一要做政治的明白人,二要做发展的开路人,三要做群众的贴心人,四要做班子的带头人。

对军队干部,他指出,军队好干部的标准就是要做到对党忠诚、善谋打仗、敢于担当、实绩突出、清正廉洁。

对民族地区干部,他用了三个"特别":民族地区的好干部要做到明辨大是大非的立场特别清醒、维护民族团结的行动特别坚定、热爱各族群众的感情特别真诚。

对纪检干部，他强调"过硬"：各级党委、纪委和组织部门要推动建设一支思想上、政治上、作风上、能力上过硬的纪检干部队伍。

## 如何成为好干部

习近平认为，成为一个好干部，一靠自身努力，二靠组织培养。

他认为，成为好干部，就要不断改造主观世界、加强党性修养、加强品格陶冶，时刻用党章、用共产党员标准要求自己，时刻自重自省自警自励，老老实实做人，踏踏实实干事，清清白白为官。

他重视干部的"品质"和"本领"，强调干部要深入基层、深入实际、深入群众，在改革发展的主战场、维护稳定的第一线、服务群众的最前沿砥砺品质、提高本领。

要成为好干部，就要多学习。习近平非常重视领导干部的理论和历史学习。对此，中央党校副教育长、哲学教研部主任韩庆祥指出，在习近平看来，学基本理论首要是学马克思主义哲学和马克思主义中国化最新成果，学习历史首要是学习中国近现代史和党史。

要培养造就更多好干部，就要坚持正确用人导向。习近平指出，选什么人就是风向标，就有什么样的干部作风，乃至就有什么样的党风。他强调"全面、历史、辩证"看干部，"注重一贯表现和全部工作"。他指出，"要改进考核方法手段，既看发展又看基础，既看显绩又看潜绩，把民生改善、社会进步、生态效益等指标和实绩作为重要考核内容，再也不能简单以国内生产总值增长率来论英雄了"。

## 如何严管并保护干部

干部要严管，也要保护。

"要把严格管理干部和热情关心干部结合起来，推动广大干部心情舒畅、充满信心，积极作为、敢于担当。"2016 年 1 月，习近平在省部级主要领导干部学习贯彻党的十八届五中全会精神专题研讨班开班式上发表重要讲话曾如是强调。

如何严管干部？他强调，要把从严管理干部贯彻落实到干部队伍建设全过程，坚持从严教育、从严管理、从严监督，让每一个干部都深刻懂得，当干部就必须付出更多辛劳、接受更严格的约束。

还要充分调动干部积极性。2016 年 3 月 7 日，在参加十二届全国人大四次会议黑龙江代表团审议时，他指出，"要充分调动广大干部积极性，不断提升工作精气神。干部干部，干是当头的，既要想干愿干积极干，又要能干会干善于干，其中积极性又是首要的。"

　　他强调，"要保护作风正派、锐意进取的干部，真正把那些想干事、能干事、敢担当、善作为的优秀干部选拔到各级领导班子中来。"

# 巡　视

## 传统制度焕发全新活力

巡视

**提出时间：**

2013 年 4 月 25 日，在中央政治局常委会审议《关于中央巡视工作领导小组第一次会议研究部署巡视工作情况的报告》时。

**提及次数：**

在习近平的公开讲话和文章中，提及多次。

**产生影响：**

巡视产生了非常强的震慑作用，被巡视单位的许多问题通过巡视被发现，并得以整改。巡视做法的制度化，也在产生着深远影响。

2016 年 8 月 18 日，中央纪委监察部网站数据显示，截至目前，中央一级巡视全覆盖任务已完成近 80%。这意味着，前十轮巡视，中央一级共巡视了 213 个单位党组织。

作为党的历史上一项重要制度，巡视在党的十八大之后，重新焕发出了勃勃生机。巡视所产生的一系列影响，取得了让人信服的效果。而巡视一系列先进做法的制度化，也让巡视具有了持续产生深远影响的基础。

## 推进全面从严治党

关于巡视的作用，习近平总书记在中央政治局常委会审议《关于中央巡视工作领导小组第一次会议研究部署巡视工作情况的报告》时的讲话中明确指出，巡视是党章赋予的重要职责，是加强党的建设的重要举措，是从严治党、维护党纪的重要手段，是加强党内监督的重要形式。

事实上，自十八大以来，巡视制度以前所未有的力度，在全面从严治党中，发挥了不可替代的重要作用。

对于巡视组的作用，习近平也有明确指示。他表示，巡视组要当好中央的"千里眼"，找出"老虎""苍蝇"，抓住违纪违法问题线索。要落实监督责任，敢于碰硬，真正做到早发现、早报告，促进问题解决，遏制腐败现象蔓延的势头。

随着巡视工作不断深入，巡视全覆盖正在逐渐成为现实。尽管三年多前，十八届中央第一轮巡视启动时，这样的任务看起来还有些艰巨。但到 2016 年上半年，第九轮巡视已然完成，第十轮巡视也已启动，保持着非常快的节奏。而自从党的十八大以来，中央巡视组已经实现了对地方和中管央企的全覆盖，工作成效显著。

## 巡视手段非常多样

此前，中共中央政治局常委、中央纪委书记王岐山撰文指出，习近平总书记鲜明提出中央巡视工作方针，要求聚焦党风廉政建设和反腐败斗争这个中心，发现问题、形成震慑。

方向明确之后，巡视手段呈现出很高的多样性，非常务实。比如，从十八大后的首轮巡视开始，就紧紧围绕作风、纪律、腐败和选人用人等方面发现问题；之后，实现了常规巡视与专项巡视相结合；实行了巡视组组长、巡视对象、巡视组与巡视对象关系三个不固定，不搞铁帽子，建立组长库，一次一授权；"下沉一级"了解情况等；巡视"回头看"的做法，也在近几轮巡视中不断开展。

在巡视的反馈环节，用词也异常严厉。"玩风较盛""靠山吃山""利益交换""损公肥私""买官卖官、搞团团伙伙""选人用人问题突出"等说法，罕见地出现在官方通报中，让海内外舆论场感受到了中国从严治党的决心。

"巡视发现的问题线索，凡是违纪违法的都要严肃查处。不要怕问题多，问题多的单位可以把握节奏。要一网打尽，有多少就处理多少。"习近平说，"不管级别有多高，谁触犯法律都要问责，都要处理，我看天塌不下来。"

## 制度建设持续发威

党的十八大以来，全面从严治党的诸多做法，正在通过制度化来实现固化，巡视制度就是其中的代表，巡视的"利剑作用"，很多做法已经上升为制度。

此前，中央政治局常委会审议通过《中央巡视工作规划(2013—2017年)》，听取每一轮巡视情况汇报。而在2015年，中共中央印发了《中国共产党巡视工作条例》，成为规范巡视工作、强化党内监督的重要基础性法规。十八大之后所施行的专项巡视等做法，写进了《条例》中。

此前，习近平明确表示，巡视是"党内监督的战略性制度安排，不是权宜之计"。在《条例》出台之前，他就明确表示，巡视条例是党内法规重要组成部分。

随着中央层面的制度出台，各地根据自身情况，也将一些因地制宜的做法进行制度化，出台了一系列贯彻《中国共产党巡视工作条例》的实施办法。

好的制度同样需要监督。习近平在十八届中央纪委六次全会上说，要强化巡视监督，推动巡视向纵深发展。对巡视发现的问题和线索，要分类处置、注重统筹，在件件有着落上集中发力。

# 两学一做

## 筑牢思想根基　凝聚全党力量

### 两学一做

**提出时间：**

2016 年 2 月，
中共中央办公厅印发学习教育
方案。

**提及次数：**

在习近平的公开讲话和文章中，
提及 10 余次。

**产生影响：**

推动党内教育从"关键少数"
向广大党员拓展，从集中性教
育向经常性教育延伸。

"两学一做"，是"学党章党规、学系列讲话，做合格党员"学习教育的简称。自提出以来，"两学一做"在习近平总书记的公开讲话与文章中出现次数达 10 多次。

2016 年 2 月，中共中央办公厅印发的《关于在全体党员中开展"学党章党规、学系列讲话，做合格党员"学习教育方案》指出，"两学一做"是面向全体党员深化党内教育的重要实践，是推动党内教育从"关键少数"向广大党员拓展、从集中性教育向经常性教育延伸的重要举措，是加强党的思想政治建设的重要部署。

## 基础在学，关键在做

"'两学一做'学习教育，基础在学，关键在做。"2016 年 4 月 6 日，习近平在"两学一做"学习教育工作座谈会上强调，要突出问题导向，学要带着问题学，做要针对问题改，把合格的标尺立起来，把做人做事的底线划出来，把党员的先锋形象树起来，用行动体现信仰信念的力量。

"两学一做"具体要学什么，怎么做？对于这一点，中办印发的学习教育方案给出了答案。

对于学党章党规，方案要求"逐条逐句通读党章，全面理解党的纲领""认真学习《中国共产党廉洁自律准则》《中国共产党纪律处分条例》等党内法规"；对于学系列讲话，提出要"认真学习习近平总书记关于改革发展稳定、内政外交国防、治党治国治军的重要思想，认真学习以习近平同志为总书记的党中央新理念新思想新战略"；对于做合格党员，则说明要"引导党员强化政治意识""密切联系群众，全心全意为人民服务"等。

而在主要措施上，方案提出了围绕专题学习讨论、创新方式讲党课、召开党支部专题组织生活会、开展民主评议党员、立足岗位作贡献、领导机关领导干部作表率等6个方面。

## 夯实基层，提升党性

为什么要开展"两学一做"学习教育活动？

"加强党的建设，首要任务是加强思想政治建设，关键是教育管理好党员、干部。"在"两学一做"学习教育工作座谈会上，习近平表示，党的十八大以来，我们党先后开展了党的群众路线教育实践活动、"三严三实"专题教育，对于解决党员干部特别是县处级以上领导干部存在的突出问题、推进全面从严治党起到了重要作用。

"思想政治建设不可能毕其功于一役。部署'两学一做'学习教育，就是要推动党内教育从'关键少数'向广大党员拓展，从集中性教育向经常性教育延伸，坚定广大党员的马克思主义立场，保证全党始终在思想上政治上行动上同党中央保持高度一致，使我们党始终成为有理想、有信念的马克思主义政党。"

习近平强调，基层是党的执政之基、力量之源。只有基层党组织坚强有力，党员发挥应有作用，党的根基才能牢固，党才能有战斗力。开展"两学一做"学习教育，要把全面从严治党落实到每个支部、每名党员。

## 结合实际，形式多样

"两学一做"如何落实？在中办方案基础上，各地结合实际开展了形式多样的学习教育活动。

例如，在"学"的部分，安徽省六安市交警支队高速公路五大队 10 名民警通过挖掘身边优秀党员的先进事迹来诠释践行党章、学习系列讲话；河南省新乡市档案局邀请到了河南大学马列学院教授作以"坚持中国特色社会主义三个自信"为主题的专题讲座；山东省临沂市地税局河东分局组织开展"两学一做"诵读比赛专场活动等。

而在"做"的部分，安徽省金寨县要求以"精准扶贫"的成果检验"两学一做"的成效，通过建档立卡回头看等措施，杜绝政策"走在路上"现象，切实解决好"最后一公里"问题；云南省临沧市临翔区南美乡把党员分成 35 个学习小组，对贫困户实施挂钩帮扶，与 7.13 万户贫困户"结对认亲"。

# 以人民为中心

## 不忘初心　造福人民

以人民为中心

**提出时间:**

2015 年 10 月,
中国共产党第十八届中央委员
会第五次全体会议上。

**提及次数:**

在习近平的公开讲话和文章中,
多次提及。

**产生影响:**

体现了马克思主义的唯物史观,
体现了中国共产党全心全意为
人民服务的根本宗旨。

"民惟邦本，本固邦宁。""治国有常，而利民为本。"人民，是历史的主人，是推动发展的根本力量。

来自人民，为了人民，依靠人民。中国共产党是一个马克思主义政党，其根本宗旨是全心全意为人民服务。在 90 多年的奋斗历程中，中国共产党始终不忘根本宗旨、努力造福人民群众。

中共十八届五中全会提出"坚持以人民为中心的发展思想"，体现了马克思主义的唯物史观，体现了中国共产党全心全意为人民服务的根本宗旨。

"以人民为中心的发展思想"，核心是"以人民为中心"。对此，习近平总书记在诸多场合予以强调。

## 把人民放在心中最高位置

"人民对美好生活的向往，就是我们的奋斗目标。"2012 年 11 月 15 日，习近平在当选中共中央总书记后首次与中外媒体的见面会上，便以这样深情的话语表达了他对人民的感情。

"中国梦归根到底是人民的梦""让老百姓过上好日子是我们一切工作的出发点和落脚点""把人民放在心中最高位置""坚持以人民为中心的创作导向"……可以说，"以人民为中心"始终贯穿于中共十八大以来治国理政的理论和实践中。

2015 年 10 月，中共十八届五中全会通过了《中共中央关于制定国民经济和社会发展第十三个五年规划的建议》，指出必须坚持以人民为中心的发展思想。

此后，在省部级主要领导干部学习贯彻十八届五中全会精神专题研讨班、中央财经领导小组第十二次会议、中共中央政治局集体学习、中央全面深化改革领导小组第二十三次会议、网络安全和信息化工作座谈会等多场重要会议上，以人民为中心的发展思想，被反复提及。

以人民为中心的发展思想，掷地有声，引领着中国"十三五"时期乃至未来发展。

习近平在庆祝中国共产党成立95周年大会上发表重要讲话指出，带领人民创造幸福生活，是我们党始终不渝的奋斗目标。我们要顺应人民群众对美好生活的向往，坚持以人民为中心的发展思想，以保障和改善民生为重点，发展各项社会事业，加大收入分配调节力度，打赢脱贫攻坚战，保证人民平等参与、平等发展权利，使改革发展成果更多更公平惠及全体人民，朝着实现全体人民共同富裕的目标稳步迈进。

分析人士认为，中共十八届五中全会提出以人民为中心的发展思想，是党在顶层设计层对经济社会发展全局提出的价值要求，"以人民为中心"是新发展理念的价值核心。

### 体现在经济社会发展各个环节

坚持以人民为中心的发展思想，既是一个重大理论问题，也是一个重大实践问题。

习近平指出，以人民为中心的发展思想，不是一个抽象的、玄奥的概念，不能只停留在口头上、止步于思想环节，而要体现在经济社会发展各个环节。

事实上，坚持以人民为中心的发展思想，是中国共产党建党以来矢志不渝的追求；特别是在中共十八大以来治国理政新思想新实践中，始终贯穿着人民至上、民生为要的价值导向。

比如，中共十八大报告把"坚持人民主体地位"列为在新的历史条件下夺取中国特色社会主义新胜利的基本要求的第一条，"十三五"规划纲要将"坚持人民主体地位"作为必须遵循的首要原则，十八届五中全会将"共享"纳入新发展理念。中共提出"四个全面"战略布局，强调全面建成小康社会，绝不能让困难地区和困难群众掉队；全面深化改革，要不断增强人民群众的获得感；全面依法治国，要努力让人民群众感受到公平正义；全面从严治党，要保持党的先进性和纯洁性，不断增强与民众的血肉联系。

在具体实践中，无论创新驱动、激发活力的改革举措，还是统筹城乡、区域、经济社会、两个文明的发展；无论治理环境污染、顺应人民对良好生态的期待，还是注重内外联动发展、做大蛋糕同时更公平地分好蛋糕……所有这些，都充分彰显了"以人民为中心"的价值取向，是坚持"以人民为中心的发展思想"的具体体现。

## 深入贯彻共享发展理念

如何把"以人民为中心的发展思想"落到实处？一个重要方面和途径就是深入贯彻共享发展理念。

习近平指出，共享理念实质就是坚持以人民为中心的发展思想，体现的是逐步实现共同富裕的要求。

"在全面建成小康社会过程中坚持以人民为中心的发展思想，就要把实现人民幸福作为发展的目的和归宿，使全体人民在共建共享发展中有更多获得感。"中国社会科学院副院长、学部委员蔡昉分析认为。

在蔡昉看来，实现发展成果由人民共享的途径，既需要政府努力提供越来越充分的公共产品和服务，也需要建立必要的激励机制，以最广泛地汇聚民智、最大限度地激发民力，真正做到共建共享。

坚持以人民为中心的发展思想对各级领导干部提出了新的更高要求，需要他们不仅在思想上深刻把握，更要在实践中积极践行，切实解决民众最关心的教育、就业、养老、医疗卫生、社会保障等实际问题，使全面深化改革各项政策措施真正成为替民众排忧解难、让民众得到实惠的举措，让改革发展成果更公平、更实在地惠及全体人民。

# 历史思维

## 借鉴历史开创明天

**历史思维**

**提出时间：**

2013 年 3 月 1 日，在中央党校建校 80 周年庆祝大会暨 2013 年春季学期开学典礼上。

**提及次数：**

在习近平的公开讲话和文章中，提及约 30 次。

**产生影响：**

在全党兴起重视历史、研究历史、借鉴历史的良好学风。

习近平总书记一向重视历史学习和历史思维的培养，他曾说："学史可以看成败、鉴得失、知兴替。"他认为："重视历史、研究历史、借鉴历史，可以给人类带来很多了解昨天、把握今天、开创明天的智慧。"习近平总书记为何如此重视历史的学习、历史思维的养成，他从中看到了什么？又汲取了什么呢？带给我们哪些启示？

## 重视历史了解昨天

习近平总书记曾说："一个民族、一个国家，必须知道自己是谁，是从哪里来的，要到哪里去，想明白了、想对了，就要坚定不移朝着目标前进。"他认为："历史是最好的老师，它忠实记录下每一个国家走过的足迹，也给每一个国家未来的发展提供启示。"

学习历史可以认识到，历史总是按照自己的规律向前发展。他说："车尔尼雪夫斯基曾经写到：'历史的道路不是涅瓦大街上的人行道，它完全是在田野中前进的，有时穿过尘埃，有时穿过泥泞，有时横渡沼泽，有时行经丛林。'人类社会发展的历史证明，无论会遇到什么样的曲折，历史都总是按照自己的规律向前发展，没有任何力量能够阻挡历史前进的车轮。"

他认为，观察和认识中国，历史和现实都要看，物质和精神也都要看。中华民族5000多年文明史，中国人民近代以来170

多年斗争史，中国共产党 90 多年奋斗史，中华人民共和国 60 多年发展史，改革开放 30 多年探索史，这些历史一脉相承，不可割裂。脱离了中国的历史，脱离了中国的文化，脱离了中国人的精神世界，脱离了当代中国的深刻变革，是难以正确认识中国的。

## 研究历史把握今天

习近平总书记认为：了解历史、尊重历史才能更好把握当下。他又是如何谈历史的？

提起中国古代史，他充满自豪，他说，在我国历史长河中，许许多多先贤和仁人志士都对高尚的精神追求作出了阐释。诸如孔子的"朝闻道，夕死可矣"；孟子的"富贵不能淫，贫贱不能移，威武不能屈"；贾谊的"国而忘家，公而忘私"；诸葛亮的"鞠躬尽瘁，死而后已"；杜甫的"安得广厦千万间，大庇天下寒士俱欢颜……吾庐独破受冻死亦足"；范仲淹的"先天下之忧而忧，后天下之乐而乐"；文天祥的"人生自古谁无死，留取丹心照汗青"；顾炎武的"天下兴亡，匹夫有责"；林则徐的"苟利国家生死以，岂因祸福避趋之"；秋瑾的"他年成败利钝不计较，但恃铁血主义报祖国"，等等。从一代一代众多仁人志士的人生实践中，从中华民族传诵千古的诗文里，我们可以清楚地看到伟大的民族精神、高尚的社会风尚以及那些治国理政的思想精华。

提起中国近代史，他沉痛地说："我经常看中国近代的一些史料，一看到落后挨打的悲惨场景就痛彻肺腑！"他说："历史是最好的老师，它忠实记录下每一个国家走过的足迹，也给每一个国家未来的发展提供启示。从1840年鸦片战争到1949年新中国成立的100多年间，中国社会战火频频、兵燹不断，内部战乱和外敌入侵循环发生，给中国人民带来了不堪回首的苦难。仅日本军国主义发动的侵华战争，就造成了中国军民伤亡3500多万人的人间惨剧。这段悲惨的历史，给中国人留下了刻骨铭心的记忆。中国人历来讲求'己所不欲，勿施于人'。中国需要和平，就像人需要空气一样，就像万物生长需要阳光一样。只有坚持走和平发展道路，只有同世界各国一道维护世界和平，中国才能实现自己的目标，才能为世界作出更大贡献。"

提起中国共产党90多年奋斗史，他又充满自信："历史告诉我们，95年来，中国走过的历程，中国人民和中华民族走过的历程，是中国共产党和中国人民用鲜血、汗水、泪水写就的，充满着苦难和辉煌、曲折和胜利、付出和收获，这是中华民族发展史上不能忘却、不容否定的壮丽篇章，也是中国人民和中华民族继往开来、奋勇前进的现实基础。"

### 借鉴历史开创明天

习近平总书记曾说："历史是一面镜子，它照亮现实，也照亮未来。了解历史、尊重历史才能更好把握当下，以史为鉴、与时俱进才能更好走向未来。"

他认为："今天，我们回顾历史，不是为了从成功中寻求慰藉，更不是为了躺在功劳簿上、为回避今天面临的困难和问题寻找借口，而是为了总结历史经验、把握历史规律，增强开拓前进的勇气和力量。"

对古代史，他认为，在漫长的历史进程中，中华民族创造了独树一帜的灿烂文化，积累了丰富的治国理政经验，其中既包括升平之世社会发展进步的成功经验，也有衰乱之世社会动荡的深刻教训。我国古代主张民惟邦本、政得其民，礼法合治、德主刑辅，为政之要莫先于得人、治国先治吏，为政以德、正己修身，居安思危、改易更化，等等，这些都能给人们以重要启示。

他说，中国人民正在为实现"两个一百年"奋斗目标而努力，其中全面建成小康社会中的"小康"这个概念，就出自《礼记·礼运》，是中华民族自古以来追求的理想社会状态。使用"小康"这个概念来确立中国的发展目标，既符合中国发展实际，也容易得到最广大人民理解和支持。

对革命史，他认为要从革命的历史中汲取智慧和力量。他说：历史无法重来，未来可以开创。"站在新的历史起点上，我们纪念中国人民抗日战争暨世界反法西斯战争的伟大胜利，就是要铭记历史、警示未来，动员全党全军全国各族人民更加奋发有为地为实现中华民族伟大复兴而奋斗。"

著名历史学者蒙曼认为，历史思维能力，就是以史为鉴、知古鉴今，善于运用历史眼光认识发展规律、把握前进方向、指导现实工作能力。提高历史思维能力，就要加强对中国历史、党史国史、社会主义发展史和世界历史的学习，深刻总结历史经验，把握历史规律、认清历史趋势，在对历史的深入思考中做好现实工作，更好走向未来。

"站立在960万平方公里的广袤土地上，吸吮着中华民族漫长奋斗积累的文化养分，拥有13亿中国人民聚合的磅礴之力，我们走自己的路，具有无比广阔的舞台，具有无比深厚的历史底蕴，具有无比强大的前进定力。"在纪念毛泽东同志诞辰120周年座谈会上的讲话中，习近平再一次谈到历史。

# 六、国际关系与中国外交

# 新型国际关系

## 寻求"合作共赢"的中国方案

**新型国际关系**

**提出时间：**
2013 年 3 月，
在俄罗斯莫斯科国际关系
学院演讲时提出。

**提及次数：**
在习近平的公开讲话和文
章中，提及超过 50 次。

**产生影响：**
倡导以合作共赢为核心的新
型国际关系，是寻求处理好
国家间关系、保持国际社会
稳定发展的"中国方案"。

党的十八大以来,"新型国际关系"在习近平总书记的公开讲话与文章中出现次数超过 50 次。

面对错综复杂的国际形势,如何才能有效应对全球危机,保障国际和平、安全和发展?这是各国都在思考的问题。而倡导以合作共赢为核心的新型国际关系正是寻求处理好国家间关系、保持国际社会稳定发展的"中国方案"。

## 新型国际关系新在"合作共赢"

"面对国际形势的深刻变化和世界各国同舟共济的客观要求,各国应该共同推动建立以合作共赢为核心的新型国际关系,各国人民应该一起来维护世界和平、促进共同发展。"

2013 年 3 月,习近平开启当选国家主席后的首次出访。在俄罗斯的莫斯科国际关系学院演讲时,他提到了"新型国际关系"这一概念。从此,"新型国际关系"不断出现于各种国际场合,在处理国际关系时用于表达中国立场,展现"中国方案"。

新型国际关系"新"在哪?在 2015 年 3 月的中国发展高层论坛年会上,中国外长王毅在发言中给出了答案:以合作取代对抗,以共赢取代独占,不再搞零和博弈和赢者通吃那一套。

用在处理中美等大国关系方面,"新型大国关系"也带有打破大国冲突对抗的传统规律、避免"修昔底德陷阱"的涵义。

如果说"合作共赢"是新型国际关系的核心,那么和平共处五项原则更加精准地反映了新型国际关系的本质特征。

2014 年 6 月，习近平在和平共处五项原则发表 60 周年纪念大会上发表主旨讲话时指出，和平共处五项原则精辟体现了新型国际关系的本质特征，是一个相互联系、相辅相成、不可分割的统一体，适用于各种社会制度、发展水平、体量规模国家之间的关系。

## "零和博弈"无法应对风险挑战

在传统国际关系中，结盟对抗、军备竞赛的零和博弈屡见不鲜。当下，中国为何能够超越这种模式，谋求以合作共赢为核心的新型国际关系？

关于"新型国际关系"提出的背景，王毅外长曾经介绍说，世界和平与发展面临的挑战越来越具有全局性、综合性和长远性，没有哪一国能够独善其身，也没有哪一国可以包打天下。需要各国同舟共济，携手共进。

时代背景奠定了提出这一中国方案的基础，与此同时，中华文明博大精深的立身处世之道则对"合作共赢"观念提供了支撑。

"中国人在两千多年前就认识到'国虽大，好战必亡'的道理。中国人民崇尚'己所不欲，勿施于人'，中国不认同'国强必霸论'……"2015 年 4 月，提及中华民族历来爱好和平，习近平在巴基斯坦议会演讲时这样说。

对于"新型国际关系"的说法，有人担心这是中国谋求推翻现行国际秩序的前奏。2015年9月，习近平在第七十届联合国大会一般性辩论时说："中国将始终做国际秩序的维护者，坚持走合作发展的道路。中国是第一个在联合国宪章上签字的国家，将继续维护以联合国宪章宗旨和原则为核心的国际秩序和国际体系。"

在复旦大学国际关系学院副院长吴心伯看来，这正说明构建新型国际关系，并不是把旧的推翻或另起炉灶，而是在现有基础上进行改良和完善。

## 努力构建全球伙伴关系网络

中国不仅是合作共赢的积极倡导者，更是合作共赢的切实践行者。40多年前，5万多名中华儿女来到茫茫非洲草原，用汗水和生命筑成1860多公里长的坦赞铁路，在自己最困难的时候，勒紧裤带帮助了一大批亚非拉的发展中国家，为他们的民族独立和解放事业提供了无私的支持。正如王毅外长所说，中国人民从自身的经历中深深懂得，得道才能多助，合作才能共赢。

如今，中国朋友遍天下，隔山隔水心相连。以合作共赢为核心的新型国际关系理念正体现到政治、经济、安全、文化等对外合作的方方面面。

在政治上，中国谋求树立建设伙伴关系的新思路。迄今为止，中国已同 70 多个国家、5 个地区或区域组织建立了不同形式的伙伴关系。

在经济上，中国努力开创共同发展的新前景。中国政府大力推动共建"一带一路"，成立注册资本 1000 亿美元的亚洲基础设施投资银行，契合了许多基础设施亟须升级改造的国家和地区的需求。

在安全上，中国努力营造各国共享安全的新局面。迄今为止，中国已经派出近 3 万人次参与联合国维和行动，派出 19 批护航编队在亚丁湾为 5800 多艘国际船舶保驾护航。

在文化上，中国倡导形成不同文明包容互鉴的新气象。

"凡益之道，与时偕行"。在构建新型国际关系的道路上，中国正不断前进。

# 亲诚惠容

## 邻望邻好　共同发展

亲诚惠容

**提出时间：**
2013 年 10 月，
在周边外交工作座谈会上。

**提及次数**
在习近平的公开讲话和文章中，
提及接近 40 次。

**产生影响：**
是新形势下中国坚持走和平发展
道路的一份生动宣言，为打造周
边命运共同体打下坚实基础。

在中国的全方位外交布局中，周边外交是重中之重。"亲诚惠容"这"四字箴言"，是新形势下中国坚持走和平发展道路的生动宣言，是对多年来中国周边外交实践的精辟概括，反映了中国新一届中央领导集体外交理念的创新发展。

## 睦邻友好是一贯方针

2013 年 10 月，在周边外交工作座谈会上，习近平总书记对"亲诚惠容"作了具体阐述。

亲，讲的是"要坚持睦邻友好，守望相助；讲平等、重感情；常见面，多走动；多做得人心、暖人心的事，使周边国家对我们更友善、更亲近、更认同、更支持，增强亲和力、感召力、影响力"。

诚，强调"要诚心诚意对待周边国家，争取更多朋友和伙伴"。

惠，在于"要本着互惠互利的原则同周边国家开展合作，编织更加紧密的共同利益网络，把双方利益融合提升到更高水平，让周边国家得益于我国发展，使我国也从周边国家共同发展中获得裨益和助力"。

容，则是"要倡导包容的思想，强调亚太之大容得下大家共同发展，以更加开放的胸襟和更加积极的态度促进地区合作"。

从此，在多个国际场合，习近平都向外国友人阐述"亲诚惠容"理念。

在 2014 年的亚信峰会上,习近平讲"中国坚持与邻为善、以邻为伴,坚持睦邻、安邻、富邻,践行亲、诚、惠、容理念,努力使自身发展更好惠及亚洲国家";在 2015 年巴基斯坦议会演讲时,他说"(中国将)坚持按照亲诚惠容的理念,深化同周边国家的互利合作,努力使自身发展更好惠及周边国家,永远做发展中国家的可靠朋友和真诚伙伴"。

"亲望亲好,邻望邻好""好邻居金不换""远亲不如近邻"……演讲中,习近平对这些中国俗语的引用同样表达了中国对睦邻友好关系的重视,同样贯穿着"亲诚惠容"的周边外交工作理念。

## 展示对邻国诚意善意

提倡"亲诚惠容",是因为处理好周边外交关系对中国发展有着重要意义。

在 2013 年的周边外交工作座谈会上,习近平强调,无论从地理方位、自然环境还是相互关系看,周边对我国都具有极为重要的战略意义;2014 年 8 月,习近平在蒙古国国家大呼拉尔演讲时表示,实现"两个一百年"奋斗目标,必须有一个良好周边环境。"家门口太平,我们才能安心、踏实办好自己的事情。"

2014 年全国"两会"期间,王毅外长在记者会上表示,提出亲诚惠容的周边外交理念,就是为了进一步展示中国对邻国的诚意和善意，愿意同周边国家一道打造命运共同体。"这是中国周边睦邻政策的新发展，也展现了中国开放和包容的胸襟"。

"中国传统上注重邻里之情，现在用'亲诚惠容'来阐释周边理念，就把中国与周边的关系进一步提升到情感高度，用'情'粘合、塑造中国同周边在利益、责任和命运三方面的共同体意识。"在外交学院教授苏浩看来，"亲诚惠容"超越了单纯"以利为主、利益驱动"的"互利共赢"，凸显了中国传统文化的智慧。

## 将"亲诚惠容"走实走深

中国不仅是"亲诚惠容"的提倡者，也是这一理念的践行者。

常见面，多走动。作为国家主席，习近平就任后首次出访就到俄罗斯，此后又到访韩国、蒙古、巴基斯坦、印度、新加坡等周边国家，无不凸显邻里之亲。2014 中蒙友好交流年、2015 与 2016 中韩两国互办旅游年，这些活动也都让中国人民与邻国民众之间有了更多的交流和沟通。

以诚相待，承诺必践。从提出"一带一路"倡议到沿线许多国家开展建设项目合作，从倡议设立亚洲基础设施投资银行到该行开业运营只花了两年多时间，中国在国际场合提出的许多倡议都饱含诚意，并将这种"诚"在具体实践中展现出来。

互利互惠，合作共赢。不论中俄之间签署巨额天然气合作协议，还是中国与马来西亚之间打造产业示范园区，中国扎实推进与周边国家在基础设施建设、能源、产业园区发展等领域的"互惠合作"。

海纳百川，有容乃大。面对复杂的南海局势，中国积极倡导同直接当事国在尊重历史事实的基础上，根据国际法，通过谈判和协商解决有关争议。面对周边国家发展的迫切需要，中国愿意把自身发展同周边国家发展更紧密地结合起来，欢迎周边国家搭乘中国发展"快车""便车"，让大家一起过上好日子。

# 命运共同体

## 中国方略　世界共赢

**命运共同体**

**提出时间：**
2013 年 3 月，在莫斯科国际关系学院演讲时。

**提及次数：**
在习近平的公开讲话和文章中，提及 70 余次。

**产生影响：**
三年多来，不仅在周边国家落地生根，而且开枝散叶，让全世界参与其中。

　　"中国始终是世界和平的建设者、全球发展的贡献者、国际秩序的维护者，愿扩大同各国的利益交汇点，推动构建以合作共赢为核心的新型国际关系，推动形成人类命运共同体和利益共同体。"2016年7月1日，在庆祝中国共产党成立95周年大会上的讲话中，习近平总书记再次阐明中国倡导构建人类命运共同体决心，倡导"建设各国共享的百花园"。

　　2013年3月23日，习近平在莫斯科国际关系学院发表演讲，首次在国际场合向世界提出"命运共同体"这一概念，它是以习近平为总书记的中共中央就人类未来发展提出的"中国方略"。

## 区域命运共同体不断生根

　　区域层面的命运共同体是构建世界层面的命运共同体的起点，首先体现在中国打造与周边国家和地区的和谐关系上。

　　2013年10月3日，习近平在印度尼西亚国会发表重要演讲，提出建设中国—东盟命运共同体的5个举措，即坚持讲信修睦、合作共赢、守望相助、心心相印、开放包容。此次演讲把命运共同体理念首次落实到中国和东盟的关系上。

　　在此基础上，"命运共同体"开始成为中国周边外交工作的指针。2013年10月24日至25日，周边外交工作座谈会召开，习近平强调，我国周边外交工作要突出体现亲、诚、惠、容的理念，让命运共同体意识在周边国家落地生根。2014年11月28

日至 29 日，中央外事工作会议召开。习近平就新形势下不断拓展和深化外交战略布局提出要求，强调要打造周边命运共同体，深化同周边国家的互利合作和互联互通。

3 年多来，亚洲命运共同体、中非命运共同体、中拉命运共同体、中阿命运共同体……更多区域层面的命运共同体正不断生根。

## 人类命运共同体有了"路线图"

2015 年 9 月 28 日，习近平在第七十届联合国大会一般性辩论上发表重要讲话，强调构建以合作共赢为核心的新型国际关系，打造人类命运共同体。他提出 5 点主张：建立平等相待、互商互谅的伙伴关系，营造公道正义、共建共享的安全格局，谋求开放创新、包容互惠的发展前景，促进和而不同、兼收并蓄的文明交流，构筑尊崇自然、绿色发展的生态体系。这被看作中国为世界各国迈向人类命运共同体提出的"路线图"。

事实上，除了政治、外交方面的含义，人类命运共同体理念正在文化、生态、互联网治理等领域得到运用。2014 年 3 月 27 日，习近平在巴黎联合国教科文组织总部发表演讲时强调，当今世界，人类生活在不同文化、种族、肤色、宗教和不同社会制度所组成的世界里，各国人民形成了你中有我、我中有你的命运共同体。2015 年 11 月 30 日，习近平在巴黎气候大会开幕式上发表讲话，强调"应对气候变化的全球努力是一面镜子，给我们思考和探索未来全球治理模式、推动建设人类命运共同体带来宝贵启示"。2015 年 12 月 16 日，习近平在第二届世界互联网大会开幕式上发表主旨演讲时强调，各国应该共同构建网络空间命运共同体，推动网络空间互联互通、共享共治。

## 用实践赢得全球共鸣

2014 年 3 月 28 日，习近平在德国科尔伯基金会发表演讲。他在阐述中华民族的民族精神时指出，中国"以和为贵""和而不同""化干戈为玉帛""国泰民安""睦邻友邦""天下太平""天下大同"等理念世代相传。的确，正是这些精神追求，使得命运共同体成为不同于西方的文明交往思想，具有中国特色、中国气派、中国风貌。

这种对"和而不同"的强调，让命运共同体在全球范围内获得广泛共鸣。在巴西国会，"中拉命运共同体"概念让习近平成为赢得"迄今最多掌声"的外国领导人；习近平在博鳌亚洲论坛 2015 年年会上提出构建"亚洲命运共同体"，被外媒评价为"亚洲团结的符号"。

迈向人类命运共同体，中国更是负责任、有担当的实践者。2013 年 10 月，中国提出筹建亚投行倡议，如今，它已拥有 57 个创始成员国。从提出涉及沿线 60 多个国家、44 亿人口的"一带一路"战略，到第一个向发生强烈地震的厄瓜多尔提供人道主义援助等，无论是大的外交战略，还是具体国际事务，中国正以实际行动，同各国携手实践人类命运共同体这一伟大梦想，共同发展、共谋繁荣。

学习关键词

# 正确义利观

## 新时期中国外交的一面旗帜

正确义利观

提出时间：
2013 年 3 月，
习近平访非期间。

提及次数：
在习近平的公开讲话和文章中，
提及约 40 次。

产生影响：
承继中国外交的优良传统，彰
显中国坚持和平发展、实现合
作共赢的坚定追求，成为新时
期中国外交的一面旗帜。

当今时代，各国利益交织空前紧密，各种全球性问题日益突出，世界越来越成为命运相连的"地球村"。作为世界第二大经济体，中国外交秉持什么样的理念，如何处理自身发展与世界共同发展的关系，不仅关系中国的国际形象，而且关系世界的和平与发展。

中共十八大以后，习近平总书记提出了正确义利观。

中国外交部长王毅表示，正确义利观承继了中国外交的优良传统，体现了中国特色社会主义国家的理念，是新时期中国外交的一面旗帜。

## 以义为先体现大国风范

2013年3月，习近平访非期间，首次提出正确义利观。

当年10月，新中国成立以来的首次周边外交工作座谈会举行。习近平强调，要找到利益的共同点和交汇点，坚持正确义利观，有原则、讲情谊、讲道义，多向发展中国家提供力所能及的帮助。

之后，不论会晤国际友人还是面对中国的外交工作人员，习近平都会经常提及"坚持正确义利观"。"坚持正确义利观，永远做发展中国家的可靠朋友和真诚伙伴。""坚持正确义利观，义利并举、以义为先。""坚持正确义利观，做到义利兼顾，要讲信义、重情义、扬正义、树道义。"……这些论述，体现了中国作为一个社会主义国家、一个负责任大国的理念和风范。

什么是"义"？什么是"利"？两者之间有着怎样的关系？

2013 年 9 月，外交部长王毅在人民日报发表《坚持正确义利观 积极发挥负责任大国作用》一文时引述了习近平对"正确义利观"的重要阐述：

"义，反映的是我们的一个理念，共产党人、社会主义国家的理念。这个世界上一部分人过得很好，一部分人过得很不好，不是个好现象。真正的快乐幸福是大家共同快乐、共同幸福。我们希望全世界共同发展，特别是希望广大发展中国家加快发展。利，就是要恪守互利共赢原则，不搞我赢你输，要实现双赢。我们有义务对贫穷的国家给予力所能及的帮助，有时甚至要重义轻利、舍利取义，绝不能惟利是图、斤斤计较。"

## 义利平衡实现合作共赢

为什么要坚持正确义利观？

"当前，经济全球化、区域一体化快速发展，不同国家和地区结成了你中有我、我中有你、一荣俱荣、一损俱损的关系。这就决定了我们在处理国际关系时必须摒弃过时的零和思维，不能只追求你少我多、损人利己，更不能搞你输我赢、一家通吃。只有义利兼顾才能义利兼得，只有义利平衡才能义利共赢。"2014年 7 月，习近平在韩国国立首尔大学演讲时这样强调坚持正确义利观的内涵与意义。

外交学院院长秦亚青教授认为，近代以来，在西方国家的主导下，"利益至上""只有永恒的利益，没有永恒的朋友"等西方理念被视作国际关系的不变法则。各国争权夺利、结盟对抗，因此战争频发。"提出坚持正确义利观，表明中国是维护世界和平的重要力量，体现了中国坚持走和平发展道路的决心和破解大国之间战争悲剧这一历史宿命的意愿。"

除了历史的教训和现实的需要，重视道义与责任，也是中国优秀传统文化的重要内容。

孔子强调，"君子义以为上"；墨子提出，"义，利也"。孟子主张，"生亦我所欲也，义亦我所欲也；二者不可得兼，舍生而取义者也"；等等。这些观点，既突出以义为先，又注重义利平衡。可以说，重义轻利、先义后利、取利有道，是中华民族千百年来一以贯之的道德准则和行为规范。

## 重义轻利凸显责任担当

坚持正确义利观，不能停留在口头上，还要体现在实践中。

现实中，中国几十年来始终坚持践行正确义利观。20 世纪六七十年代，中国派出数万名施工和技术人员，远赴非洲大陆援建坦赞铁路，其中数十人为此献出了宝贵生命。半个世纪前，中国开始派遣援外医疗队，迄今已向亚非拉 66 个国家和地区派出医疗队员 2.3 万人次，累计诊治患者 2.7 亿人次，得到受援国人民的普遍赞誉。

改革开放以来，随着综合国力不断增强，中国比过去更加积极地开展对外援助、承担国际责任。1997 年亚洲金融危机肆虐时，中国克服困难，坚持不让人民币贬值，为有关国家和地区战胜危机提供了宝贵支持；2008 年索马里海盗猖獗时，中国派舰船前往参与维和行动，迄今为止已派出 19 批护航编队在亚丁湾为 5800 多艘国际船舶保驾护航。

免除对最不发达国家债务、宣布建立 200 亿元人民币的"中国气候变化南南合作基金"、提供 600 亿美元支持对非"十大合作计划"……秉持正确义利观，中国在国际事务中更加凸显出责任与担当。

# 亚 投 行

## 贡献发展机遇　完善全球治理

**亚投行**

**提出时间：**
2013 年 10 月 2 日，
对印度尼西亚国事访问时。

**提及次数：**
在习近平的公开讲话和文章中，
提及 60 多次。

**产生影响：**
顺应了世界经济格局调整演变的
趋势，有助于推动全球经济治理
体系朝着更加公正合理有效的方
向发展。

2016 年 1 月 16 日，在经历了两年多的筹备之后，亚洲基础设施投资银行正式开张了。按计划，亚投行首批贷款将于年内批准，计划放贷 15 亿至 20 亿美元。此后 5 至 6 年，预计每年放贷额可达到 100 亿至 150 亿美元。

作为首个由中国倡议设立的多边金融机构，亚投行这艘满载希望的航船风帆正劲，它在为亚洲和世界人民创造更多发展机遇的同时，也正推动着全球经济治理体系朝着更加公正合理有效的方向发展。

## 从倡议变为现实

时间的指针拨回到 2013 年 10 月，习近平主席出访东南亚，他在雅加达同印尼总统苏西洛举行会谈时，首次提出了筹建亚投行的倡议："为促进本地区互联互通建设和经济一体化进程，中方倡议筹建亚洲基础设施投资银行，愿向包括东盟国家在内的本地区发展中国家基础设施建设提供资金支持。"新的亚洲基础设施投资银行将同域外现有多边开发银行合作，相互补充，共同促进亚洲经济持续稳定发展。在 7 天的访问中，从演讲、会谈、会见，到出席峰会、会见记者，在习近平的多次宣介下，亚投行可谓初露端倪。

在之后的 27 个月、800 多天里，亚投行走过了一段不平凡的历程。从 21 国签署筹建备忘录到 57 个创始成员国先后签署意向书，从亚投行协定的签署到正式开业，中国与相关国家进行了 5 次多边磋商，无数次双边磋商，召开了 8 次筹建首席谈判代表会议，终于将亚投行这一倡议变为现实。

据亚投行行长金立群介绍，除了已有的 57 个成员国，目前还有 30 个国家正在申请加入亚投行。方兴未艾的亚投行，成员数有望超过成立已近半个世纪的亚洲开发银行。

## 坚持开放包容原则

亚投行缘何如此受欢迎？金立群表示，如今全球经济体量、亚洲经济体量如此之大，现有的国际多边金融机构已无法完全满足各国基础设施建设等方面的需求。

2008 年全球金融危机以来，不少发展中国家在基础设施融资、建设方面遇到诸多困难。据世行、亚开行测算，2010 年到 2020 年，亚洲地区每年基础设施建设资金缺口达 8000 亿美元。亚投行正是在这样的背景下应时而生。正如习近平在出席亚太经合组织领导人同工商咨询理事会代表对话会时所说，基础设施和互联互通建设是关系经济发展的基础性问题，也是区域经济一体化的重要手段。建立亚洲基础设施投资银行是天时、地利、人和使然。

在亚投行的 57 个创始成员国当中，既有域内成员国，同时也包括大量域外发达成员国。习近平在韩国国立首尔大学的演讲中说:"我们欢迎域外国家积极参与亚洲发展合作,欢迎相关国际组织为亚洲发展发挥积极作用,对各种有利于亚洲更好发展的区域性、跨区域性经贸安排持开放态度。对一切为亚洲和平与发展贡献正能量的意愿和行动,我们都持积极态度。"亚投行正是坚持了这种开放包容的原则,张开臂膀欢迎五大洲朋友共襄盛举,从而赢得了各国的信任和支持。

## 建设性的中国贡献

"仁人之所以为事者,必兴天下之利。"改革开放以来,中国的经济社会发展得益于世界银行、亚洲开发银行等多边开发银行以及其他一些国家双边的金融支持。随着综合国力不断增强,中国也愿意为国际发展事业作出力所能及的贡献。

习近平在亚投行开业仪式上的致辞中说,中国是国际发展体系的积极参与者和受益者,也是建设性的贡献者。倡议成立亚投行,就是中国承担更多国际责任、推动完善现有国际经济体系、提供国际公共产品的建设性举动,有利于促进各方实现互利共赢。

中国承诺坚定不移支持亚投行运营和发展,除按期缴纳股本金之外,还将向银行即将设立的项目准备特别基金出资 5000 万美元,用于支持欠发达成员国开展基础设施项目准备。作为亚投行倡议方,中国既出资又出智,凸显大国风范。

作为区域性多边开发银行，亚投行的出现不是颠覆，而是补充增强了全球多边开发性金融的整体力量。在金立群看来，作为布雷顿森林体系的创始国之一，中国倡议成立的亚投行是对现有国际多边金融机构体系的进一步完善。

正如习近平所说，亚投行正式成立并开业，对全球经济治理体系改革完善具有重大意义，顺应了世界经济格局调整演变的趋势，有助于推动全球经济治理体系朝着更加公正合理有效的方向发展。

# 后　记

　　中共十八大以来，中国巨变，其来有自。近四年来，以习近平同志为核心的党中央，提出了一系列新理念、新思想、新战略。这些"新"，可以用一系列关键词来概括，如：

　　"中国梦""两个一百年""三严三实""四个全面""五大发展理念""新常态""供给侧改革""命运共同体""新型大国关系""一带一路""亚投行""互利共赢""正确义利观"，等等。从某种意义上讲，读懂这些关键词，是理解中国内政与外交的捷径。将这些词展示出来，即为展示中国治国理政的新实践。

　　人民日报海外版特别组织编写《学习关键词》一书，旨在对习近平总书记系列重要讲话（文章）中的关键词进行梳理，了解这些词背后"是什么""为什么""怎么办"的问题。

　　本书收录了人民日报海外版"习近平治国理政关键词"系列文章51篇（大部分为见报稿），共分为总述、全面建成小康社会、全面深化改革、全面依法治国、全面从严治党、国际关系与中国外交6个部分。

　　在人民日报社编委、海外版总编辑王树成统一部署下，海外版副总编辑王咏赋、李建兴、郑剑以及编委郑红深等精心指导本书编写，记者部主任严冰、副主任陈振凯组织策划，记者部副主任叶晓楠，陆培法、尹晓宇、邹雅婷、潘旭涛、刘少华、柴逸扉、李贞、石畅、孙懿、申孟哲、刘峣、彭训文、卢泽华、汪莹等记者部和总编室两个部门同事负责稿件撰写，潘旭涛负责图表制作。此外，张广昭等也参与了部分文章的撰写。此书编辑过程中，周军、柴逸扉进行了大量沟通和组织工作。

撰写书稿和编辑出版过程中，参考借鉴了诸多重要文献和权威观点，在此表示感谢。由于水平所限，疏漏之处在所难免，敬请批评指正。

责任编辑：洪　琼

版式设计：顾杰珍

**图书在版编目（CIP）数据**

学习关键词／人民日报海外版"学习小组"著．—北京：

人民出版社，2016.11（2017.6 重印）

ISBN 978－7－01－016919－4

I.①学…　II.①人…　III.①中国特色社会主义－关键词－研究

IV.① D616

中国版本图书馆 CIP 数据核字（2016）第 262587 号

**学习关键词**

XUEXI GUANJIANCI

人民日报海外版"学习小组"　著

人民出版社 出版发行

（100706　北京市东城区隆福寺街 99 号）

北京盛通印刷股份有限公司印刷　新华书店经销

2016 年 11 月第 1 版　2017 年 6 月北京第 10 次印刷

开本：710 毫米 × 1000 毫米 1/16　印张：17

字数：200 千字　印数：130,001—150,000 册

ISBN 978－7－01－016919－4　定价：48.00 元

邮购地址 100706　北京市东城区隆福寺街 99 号

人民东方图书销售中心　电话：（010）65250042　65289539